内蒙古黄河历史文化 下

李 锐 崔思朋 编著

国家图书馆出版社

# 目　录

# 第九章

## 蒙古族崛起：蒙元时期草原民族政权与黄河开发

铁木真称汗（摘自《成吉思汗箴言选集》，内蒙古人民出版社，2015 年。）

# 第九章图表索引

蒙古族最早起源于古代望建河（今额尔古纳河）东岸一带，是北方草原游牧民族的典型代表，更是草原文明的集大成者。13世纪初，铁木真在斡难河畔举行的忽里勒台（又可称作"忽邻勒塔"或"忽里台"，蒙古语，为"聚会"或"会议"的意思）上被推举为蒙古大汗，号"成吉思汗"，以成吉思汗为首的蒙古部落开始崛起并逐渐完成统一其他蒙古诸部的大业，由此形成一个新的民族共同体。以成吉思汗部落为核心的蒙古族不仅完成了统一蒙古草原的霸业，还建立了横跨欧亚大陆的庞大草原帝国，因而自元代以来的蒙古族还分布在中国及蒙古国以外的欧亚大陆其他国家或地区，蒙古族的这一地理分布特征至今仍然存在，在欧亚大陆的广阔区域内多可寻觅到蒙古族活动的历史痕迹，时至今日也可看到蒙古族的分布。

在成吉思汗的领导下，蒙古族于1219年至1260年间，用了41年的时间先后共进行了三次西征，在西征的同时，成吉思汗及其后继者又挥师南下，灭掉了南宋、大理等政权。从成吉思汗到忽必烈，历经了三代人70余年的征战，完成了统一中国及征服欧亚大陆的大业，于1271年正式建立了元朝，元朝也是中国历史上首次由少数民族建立的大一统王朝。元朝蒙古族统治下的中国疆域范围极为广阔，

无论是分裂之前的大蒙古国还是分裂之后的元朝，其疆域都堪称是历史时期中国疆域范围最为辽阔的时期。其北部边界达到了今俄罗斯的西伯利亚地区，南部边界抵达南海，东北边界至今黑龙江下游，跨越外兴安岭山地、乌苏里江以东，接鄂霍次克海和日本海，西南至云南及今缅甸北部、中部、东部。此外，今日泰国北部、老挝、越南西北部等地也都被纳入元朝国家的行省建置。

伴随着蒙古族势力的崛起与控制区域的不断扩大，内蒙古黄河流域成为其治域内的重要辖区之一。元代时，随着势力逐步崛起，蒙古族逐渐成为中国乃至欧亚大陆（以蒙古高原为中心辐射到更广阔区域）的实际统治者，建立起横跨欧亚大陆的庞大草原帝国。作为传统的游牧民族，蒙古族在逐步崛起的过程中也将游牧经济向更广阔的地区推广，今日内蒙古草原及其毗邻的更广阔区域也成为蒙古人的牧场，蒙古草原及其周遭地区的农业发展受到极大限制，游牧经济在这一时期的蒙古草原及毗邻地区迎来了繁荣发展的新阶段。1368年元朝覆灭以后，蒙古族的残存势力北退回蒙古草原，成为明清以来蒙古草原上的主体民族，也是影响中原王朝北部边疆安稳的重要因素。如今，蒙古族不单是中国的少数民族之一，也是蒙古国的主体民族。

# 一、蒙古族的崛起及政权的建立

通过研读当代史料与利用其他科学手段的考察得出，蒙古族的先祖是生活于蒙古高原东部的土著——东胡人（即乌桓人与鲜卑人）的后裔（图9-1）。早期蒙古族的生活区域大致位于今老哈河、西拉木伦河流域，一直向北可延展至额尔古纳河流域。"蒙古"意为"永恒之火"，在古代蒙古语中，"蒙古"这个词是"质朴"的意思，也有人认为"蒙古"的原意是"天族"。自唐朝中期开始，世代居住于望建河（即今额尔古纳河）流域的室韦族被称为"蒙兀室韦"，"蒙兀"即蒙古，是后来兴起的蒙古民族的直系祖先。[1]这也是目前学界所能考证出的蒙古族族源的较早阶段，有关蒙古族起源问题的研究仍是学界关注的重点问题，相关研究仍在继续开展。

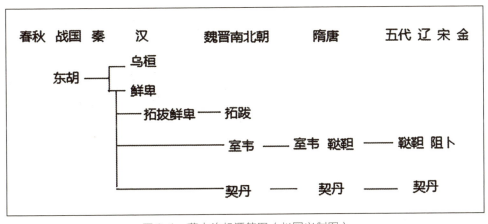

图9-1　蒙古族起源简图（赵国兴制图）

## （一）蒙古族起源的学术考察

关于蒙古族的起源问题（或者说蒙古族的族源问题），一直以来都是学界有关蒙古研究的热点与重点问题之一。对于蒙古族的起源，在蒙古族社会中流传着这样一个传说，在很早以前，蒙古人的祖先在一次战争中打了败仗，只有7个人幸运脱险而存活了下来，蒙古族就是由这7个人繁衍而来的。还有一种说法，是蒙古人在被其他部落打败之后，其部众遭到了残酷的大屠杀，最终只有两个男人和两个女人存活下来，他们逃到了一个周围都是山林、中间有良好草原的地方，这个地方叫作"额尔古涅昆"——即"险峻的山坡"，他们在这里生息繁衍，世代相传，这个传说中提到的"额尔古涅昆"，就是流经呼伦贝尔草原的"额尔古纳河"，[2]因而蒙古族将"额尔古纳河"视为其民族的发祥地。

以今日之科学视角来审视，以上这些关于蒙古族起源的传说自然都是缺少科学依据或是不符合科学规律的，显得有些扑朔迷离，难以置信。但有关蒙古族族源问题的研究一直以来都受到学界的广泛关注，并吸引了不同学术领域相关研究者的普遍关注，同时也出现了不同的结论。[3]这些结论的真假，还有待学界的进一步考证研究。

通过对历史文献资料以及考古发掘

成果的研究可以发现，蒙古族社会发展变迁经历了漫长的原始社会阶段，从蒙古族社会流传的祖先传说看来，他们在很早时候就已进入父系氏族社会阶段，且经历了相当长的一段发展变迁过程。直到唐朝初期，蒙古诸部落的分布地仍较为分散，尚未形成一个统一的部落联盟。自唐朝中期以来，蒙古族人开始从原住地不断向外迁徙，同突厥语各部落之间进行了较为广泛且深入的交流，这也促进了蒙古族社会内部的发展变迁，从而加速了蒙古族向文明社会的发展演变。到

了辽金时期，蒙古族社会虽然还保持着早期氏族社会的躯壳，但在内部，血缘氏族关系已经被地缘关系和阶级关系内化了，与此同时，"那颜"和"哈阑"两大阶级已经基本形成。[4] 也正是自辽金时期开始，蒙古族呈现出朝着强盛发展的态势演进（图9-2）。

## （二）成吉思汗与蒙古族政权的崛起

在蒙古族社会的发展变迁历程中，蒙古族诸部落中的乞颜部在12世纪中叶出现了一位伟大的历史人物——铁木真[5]（1162年—1227年），铁木真属孛儿只斤氏，尊号为"成吉思汗"（以后叙述中涉及"铁木真"时均统一称为"成吉思汗"）。成吉思汗出生于漠北斡难河上游地区（位于今蒙古国肯特省境内），成吉思汗的成长创业过程较为艰难（图9-3），他早年曾投奔克烈部首领脱里，在此时期内不断积蓄实力，最终于1189年被推举为蒙古乞颜部可汗，随后经过一系列对外战争，完成了统一蒙古诸部落的大业，逐渐由一个部落首领成为

图 9-2　诃额仑手举苏勒德阻止众部离散（摘自《成吉思汗箴言选集》，内蒙古人民出版社，2015 年。）

图 9-3 铁木真降生斡难河及也速该被塔塔尔毒害（摘自《成吉思汗箴言选集》，内蒙古人民出版社，2015 年。）

蒙古帝国的缔造者。这也打破了蒙古高原上千余年来不同种族、不同部落部族林立的局面，完成了统一蒙古高原的雄图伟业。

1206年春，成吉思汗在斡难河源的祖茔地附近召开全蒙古贵族参见的大忽里台（大型聚会），正式建立了"大蒙古国"，铁木真加号"成吉思汗"，自此开始正式建立了大蒙古国政权，蒙古也由原来的蒙古高原的一个部落成为一个新兴的统一的游牧封建大帝国，一个以蒙古命名的草原民族也自此开始登上世界历史的舞台，后来的元朝就是由蒙古族在中国建立的大一统政权，而蒙古族在古代几近是单纯从事游牧经济的草原游牧民族，也是自元代以来蒙古草原上唯一人口众多、势力强盛的游牧民族。

成吉思汗第一次西征花剌子模始自1219年，其导火索是花剌子模（有时也被称为"花拉子模"）讹答剌城的海儿汗亦纳勒术杀死了前往蒙古的499名和平商人，其国王摩诃末又不加思考地杀死了成吉思汗派去交涉的正使，双方由此事件开始交恶。成吉思汗也以此事件为由，同时带有军事扩张和掳掠财物的目的，亲率大军约20万，分路西征花剌子模，成吉思汗仅用数年的时间就灭了花剌子模，蒙古族控制的势力范围由此开始大幅度向欧亚大陆腹地扩展。自第一次西征花剌子模开始，成吉思汗先后共进行了三次西征，建立起了庞大的草原帝国（图9-4）。

成吉思汗去世以后，尤其是蒙哥

| | |
|---|---|
| 1162年（壬午）。 | 诞生，起名铁木真。 |
| 1170年（庚寅）9岁。 | 与孛儿帖订亲。父也速该被害，部众离散。 |
| 约1173—1178（癸巳—戊戌）12至17岁左右。 | 随母亲斡额仑艰难度日。屡遭艰险，甚至被捕，皆逃出虎口。结识博尔术。 |
| 约1179年（乙亥）18岁。 | 与孛儿帖成婚。拜王汗为义父。 |
| 约1180—1188（庚子—戊申）19至27岁左右。 | 联合王汗、札木合大破篾儿乞人，救回孛儿帖。独自建营，来归者渐众。 |
| 1189年（己酉）28岁。 | 初次被推为全蒙古汗。初建护卫军队。 |
| 约1191年（辛亥）前后，30岁左右。 | 十三翼之战。 |
| 1196年（丙辰）35岁。 | 协助金朝夹击塔塔儿部获胜，金朝封为"札兀惕忽里"。灭主儿勤氏。木华黎来投。 |
| 约1197—1200（丁巳—庚申）36至39岁左右。 | 协助王汗复位。与王汗共伐篾儿乞、乃蛮、泰赤乌等部，破朵儿边、弘吉剌、塔塔儿联军。 |
| 1201年（辛酉）40岁。 | 与王汗联兵击败札木合集团。 |
| 1202年（壬戌）41岁。 | 消灭四姓塔塔儿。纳也遂、也速干二后。阔奕坛之战，大败乃蛮联军。追刭泰赤乌部时负伤。收者别。 |
| 1203年（癸亥）42岁。 | 合阑真沙陀之战，王汗大败铁木真。夏，班朱泥河之盟。秋，突袭王汗，并克烈部。 |
| 1204年（甲子）43岁。 | 春，与汪古部结盟。改革军制。出师讨乃蛮，乃蛮亡。俘塔塔统阿，令其创畏兀儿蒙古文。处死札木合。得忽兰皇后。 |
| 1205年（乙丑）44岁。 | 灭北乃蛮。第一次攻西夏。 |
| 1206年（丙寅）45岁。 | 在斡难河畔建立大蒙古国，推行千户制、扩充怯薛军。 |
| 1207年（丁卯）46岁。 | 第二次征西夏。术赤征服林木中百姓。 |
| 1209年（己巳）48岁。 | 畏兀儿归附。 |
| 1210年（庚午）49岁。 | 第三次攻西夏，夏主李安全纳女求和。 |
| 1211年（辛未）50岁。 | 春，畏兀儿、哈剌鲁皆来朝见。2月誓师伐金。秋，乌沙堡之战、野狐岭一会河堡之战，歼灭大量金军精锐。 |
| 1212年（壬申）51岁。 | 秋，再次南下攻金。冬，者别巧袭东京。 |
| 1213年（癸酉）52岁。 | 秋，第三次攻金，巧取居庸关，兵临中都城下，分兵三路深入金国腹地扫荡。 |
| 1214年（甲戌）53岁。 | 再次发兵攻金，长期围困中都。 |
| 1215年（乙亥）54岁。 | 5月，进占中都。耶律留哥朝觐，其部下叛乱，成吉思汗派兵助其平叛。 |
| 1216年（丙子）55岁。 | 木华黎平定辽西，并助留哥平定辽东。博尔忽讨秃马人。蒲鲜万奴降附。 |
| 1217年（丁丑）56岁。 | 委任木华黎为太师、国王，主持伐金。派者别、速不台、术赤分兵进攻西辽。第四次征西夏。平定秃马人叛乱。 |
| 1218年（戊寅）57岁。 | 召耶律楚材至行在。灭西辽。命哈真入高丽，讨平契丹叛众，蒲鲜万奴亦出兵助战。花剌子模国王摩诃末挑衅杀术赤军，并掠西辽故地，又杀蒙古商队与使者。 |
| 1219年（己卯）58岁。 | 春，哈真等破江东城，灭契丹叛众。高丽称臣纳贡。亲率大军西征花剌子模。 |
| 1220年（庚辰）59岁。 | 春，攻取布哈拉、撒马耳干诸城。命者别、速不台追击摩诃末。秋，命拖雷军扫荡呼罗珊诸城。命术赤、察合台围攻玉龙杰赤。冬，自率一军攻取忒耳迷等城。在西域召见耶律留哥妻姚里氏。 |
| 1221年（辛巳）60岁。 | 亲率主力追击扎兰丁。长春真人至河中。在西域接见南宋使者苟梦玉。 |
| 1222年（壬午）61岁。 | 速不台军越高加索山北上，破钦察人。驻夏大雪山，听长春真人讲道。 |
| 1223年（癸未）62岁。 | 3月，木华黎逝，命其子孛鲁嗣国王位。速不台、者别军歼灭俄罗斯联军，深入克里米亚，扫荡俄境。冬，决定班师。 |
| 1224年（甲申）63岁。 | 班师回国。者别死于归途。7月，嗣国王孛鲁攻西夏，取银州。 |
| 1225年（乙酉）64岁。 | 春，回土拉河行宫。 |
| 1226年（丙戌）65岁。 | 春，亲率军攻西夏，11月，围夏都中兴府。 |
| 1227年（丁亥）66岁。 | 西夏降。金主遣使求和。7月病逝于西夏。 |

图9-4　成吉思汗大事年表（摘自《八百年不熄的神灯——祭祀成吉思汗的鄂尔多斯蒙古族历史文化》，鄂尔多斯博物馆主编，内蒙古大学出版社2015年4月，第60~61页。）

汗（元太祖成吉思汗第四子拖雷的长子，四弟即元世祖忽必烈）病逝之后，阿里不哥（拖雷第七子）与忽必烈出现了汗位之争，蒙古帝国开始走向分裂，先后建立起了横跨欧亚大陆的四大汗国。四大汗国具体所指主要有两种说法，一是元朝（又称"大汗汗国"）与察合台汗国、伊尔汗国和金帐汗国构成的四个汗国；二是除了忽必烈建立的元朝之外，四个相对独立

图9-5 1222年成吉思汗在巴米安附近召见道教长春真人丘处机（摘自《成吉思汗箴言选集》，内蒙古人民出版社，2015年。）

的国家，又称"兀鲁思"，分别是钦察汗国（又称"金帐汗国"）、察合台汗国、窝阔台汗国、伊利汗国。本书以后者为准加以介绍，具体而言，钦察罕国（或称"金帐汗国"）为成吉思汗长子术赤的封地，察合台汗国为成吉思汗次子察合台的封地，伊利汗国（又称"伊尔汗国"或"伊儿汗国"）为成吉思汗孙子旭烈兀西征后建立，窝阔台汗国为成吉思汗第三子窝阔台的封地。

值得一提的是，成吉思汗在攻灭花剌子模的回军路上接见了长春真人——丘处机。[6] 丘处机是道教全真派的掌教真人，1219年5月，成吉思汗派使者刘仲禄等人携带诏书前往山东，邀请丘处机前往蒙古帝国与其相见（图9-5）。丘处机于1220年正月，在赵道坚、宋道安、尹志平、李志常等十八名弟子的陪同下开始西行，于1222年4月途经铁门关抵达"大雪山"

（今阿富汗的兴都库什山）八鲁湾行宫觐见成吉思汗。可以发现，丘处机此番行程历时两年多，方才实现了"龙马相会"（成吉思汗属马，丘处机属龙）。成吉思汗见到丘处机后，待他如师友，礼遇有加。在成吉思汗的行宫中，他与丘处机交谈时，不唤其姓名，只称呼"神仙"，尊礼备至。

丘处机与成吉思汗在漠北相会的时间并不长，不过丘处机的言论却对成吉思汗以后的施政方略及人生道路产生了深远影响，同时使成吉思汗的性格也发生了不小变化。比如，丘处机清楚地告诉成吉思汗，人类是不能长生不老的，只能通过养生以达到延年益寿的目的，还特意告诉成吉思汗清静无为对于养生的重要性，并劝诫成吉思汗要减少杀戮。丘处机的弟子根据他们一路上的西行见闻，在返回中原后，写成了《长春真人西游记》一书，这部游记

图9-6　成吉思汗病逝于清水县西江驻地（摘自《成吉思汗箴言选集》，内蒙古人民出版社，2015年。）

不仅记录了丘处机一行人远赴大漠的艰辛历程与所见所闻，还对当时蒙古草原自然及人文社会历史问题研究具有重要的史料价值。

　　成吉思汗西征结束之后，再次回到蒙古草原上，最终在征讨西夏过程中病逝。1205年，成吉思汗借口西夏收留蒙古仇人克烈部亦剌合桑昆而发兵南下，开始其第一次进攻西夏的战争。《元史》记载："乙丑，帝（成吉思汗）征西夏，拔力吉里寨，经落思城，大掠人民及其橐驼而还。"[7]时隔不久，蒙古汗国连续发动两次进攻西夏的战争。《元史》记载："二年（1207年）丁卯秋，再征西夏，克斡罗孩城。"[8]1209年春，蒙古军兰度南下，"克兀剌海城……进至克夷

门……薄中兴府"[9]。到了1227年，正值蒙古军对西夏展开强烈包围攻势之时，西夏都城内又发生了强烈的地震，城内房屋倒塌，瘟疫流行，死伤难计其数，西夏政权在内忧外患的冲击下已是岌岌可危。加之此时的蒙古军队对西夏都城的围困已经长达半年之久，西夏不得已而投降了蒙古政权。同年（1227年）六月，夏末帝李睍向成吉思汗奉上祖传金佛和金银财宝请降，要求宽限1个月再献城，七月，李睍投降后，蒙古政权的后继者按照成吉思汗的遗嘱[10]将出城来降的李睍杀害，至此，建国189年的西夏政权彻底覆灭。也正是在同一年（1227年）的农历七月十二日，成吉思汗病逝于清水，终年66岁（图9-6），但由于元朝皇家实行的

是密葬制度，即帝王陵墓的埋葬地点不立标志、不公布、不记录在案，因而成吉思汗竟葬于何处，至今没有明确的答案，有待进一步的考古发掘与历史研究予以揭示。[11]

在征服西夏地区以后，蒙古统治者并未采取安抚政策，而是大肆屠杀。这直接导致西夏境内"郡县废于兵"的局面，党项族人口数量大幅减少，呈现凋敝之状态。幸存的党项人生活也发生剧烈的变化。一部分成为蒙古贵族的奴隶，受其驱使奴役；一部分被编入军籍，随军驻守四方，或入朝为官，或逃亡内地；还有部分人口在战后返回西夏故地。[12]自此，党项人一直散居在西北地区，党项也成为对某些居住在安都、青海湖，甚至甘肃地区的部落群体的通称，19世纪以前都持此称法。

成吉思汗死后蒙古政权并没有随之衰落，其后继者将蒙古族政权进一步发展壮大。直到元世祖忽必烈（1215年—1294年在世，1260年—1294年在位）时，正式建立起了元朝（图9-7）。元朝（1271年—1368年）是由蒙古族建立的中国历史上第一个由少数民族建立的大一统王朝，定都于大都（今北京）。元朝正式建立以后，大蒙古国之称谓在汉文文书体系中便不再使用，但是这一称谓并没有被废除，蒙文文书体系

图9-7　巴思巴文圣旨令牌（复制品，赵国兴摄影）

中仍用此号，通常是与汉名国号并称时使用的。元朝建立之时虽然出现了四大汗国分裂，但元朝控制疆域也是十分广阔，它初步奠定了我国今日疆域的规模与轮廓。元朝疆域内是多民族共存与共同发展的局面，这也促进了国内各民族之间的经济文化交流，加强了中国南北方的统一和经济社会的进一步发展，具有重要历史意义。

在蒙古族的发展历程中，其文化建设在蒙元时期[13]也取得了一定成就。成吉思汗在西征花剌子模之前，下令重新修订训言、札撒和古来的体例，并登记造册，名为《大札撒》。《大札撒》编成之后，各支的宗王都领一部《大札撒》藏于金匮宝库之中。《大札撒》涉及内容十分广泛，是大蒙古国臣民必须遵循的法令和规范，每遇新汗即位、大征伐或诸王朝会共议国是之时，都需要遵照《大札撒》的规定行事。《大札撒》的原文现在业已失传，但根据《蒙古秘史》、《世界征服者史》与《史集》等资料的记载，《大札撒》的内容相对全面，包括选举、财政、商业、赋税、外交、刑事诉讼、财产继承等诸多方面内容。元朝成立后，随着疆域扩大、民族成分与人口增多，成吉思汗时代的《大札撒》已经不能满足新形势下国家治理的要求，但大聚会时诵读《大札撒》的习惯仍旧保留了下来。[14]在史学方面，蒙元时期编纂成的《蒙古秘史》《蒙古黄金史》《蒙古源流》三部著作（图9-8），被称为蒙古族的三大历史巨著，其中《蒙古秘史》被联合国教科文组织确定为世界著名文化遗产。此外，英雄史诗《江格尔》是中国的三大史诗之一。这些都是蒙古族的历史文化在蒙元时期取得繁荣发展的重要表现。

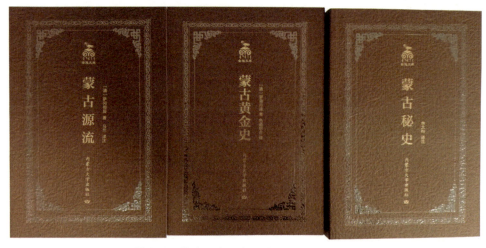

图 9-8　蒙古三大历史巨著（赵国兴摄影）

# 二、蒙元时期蒙古族的经济社会生活

在元朝建立以前，蒙古族就已出现并生存延续了数百年的历史，在此时期内，蒙古族的经济社会生活逐渐由原始落后阶段开始向典型游牧社会方向发展演进。到了蒙古政权崛起（即成吉思汗时期）及元朝建立以后，其游牧社会生产与生活形态又发生了新的变化，尤其是与中原汉族农业人口的交融，对蒙古族社会的发展演变产生了深远影响，成为元代以来蒙古族社会发展变迁的重要影响因素。

## （一）元朝以前蒙古族的经济社会生活

游牧经济是蒙古族的传统经济类型。在元代以前，蒙古语族各部落的经济与社会生活大致可分为两个不同发展阶段。自北朝至唐代前期，蒙古语族各部落的前身——室韦—鞑靼人——主要从事渔猎业、牲畜饲养、农耕业余手工业等复合经济类型（图9-9）。与经济发展方式相适应，整个蒙古族的社会形态还处于父系氏族阶段，故这一时期蒙古族社会生产力发展水平较低，仍属于较为原始的发展时期。

自唐末五代以来，在中原王朝覆灭及整个中国处于纷乱征伐时期，蒙古族趁机发展自己的势力，尤其是将控制疆域逐渐向外拓展。由于蒙古族控制疆域的变迁和受到此时活跃于北方草原其他诸游牧民族的影响，蒙古族内部一些部落的经济生产与生活方式开始发生新的变化，与外部诸区域尤其是与中原农耕区接触的逐渐深入，使得整个蒙古族社会的经济生活方式也随之出现了新的发展变化，由父系氏族开始向文明阶段发展变迁。此时期室韦经济社会取得较快发展与唐王朝之间的交往直接相关，加之对唐朝边界人口财物的掳掠，使得室韦

图 9-9-1 龟钮陶仓

图 9-9-2 陶鸡

图 9-9 元代陶器（孔群摄影）

的物质财富迅速增加，室韦部落上层社会人物的私有财产不断增多，加剧了室韦社会的贫富分化，并导致社会等级的分化。

到了五代十国时期，中原地区仍处于混战之中，蒙古诸部仍旧继续向外拓展疆域并加深了与外界的往来，这对于蒙古社会的发展产生了重要影响，如此时期室韦一些部落的金属冶炼、毛纺织造技术有了明显进步，社会生产力得到很大发展，室韦社会呈现出向文明阶段发展的曙光。[15] 在此时期，与唐王朝之间的交往也促进了蒙古族崛起之前诸蒙古语部经济社会的发展进步，对于蒙古草原的发展变迁具有重要历史意义。尤其两宋以来，蒙古族社会内部发展起来了典型的游牧经济，虽也存在一定比重的采集渔猎经济，但游牧经济逐渐成为蒙古族社会的基础型经济。

到了成吉思汗正式建立蒙古政权时期，游牧生产及生活方式已成为蒙古族的基本社会形态。蒙古族控制区域内的游牧经济出现了繁荣发展的态势，不仅影响范围持续向外扩大，同时也将北方草原上的游牧经济推向了鼎盛发展的状态（图9-10），这些都与蒙古政权的建立及统治疆域范围的扩展直接相关。

## （二）元代以来蒙古族的经济社会生活

蒙元时期，包括内蒙古黄河流域在内的整个北方草原上的游牧经济都出现了繁荣发展的局面，对此，元朝

图 9-10-1　莲花纹高足金杯

图 9-10　元代生活用品（1 图由内蒙古博物院供图；2 图由鄂尔多斯博物馆供图）

图 9-10-2　荷叶形玉杯

法律对游牧生产方式的基本对象、发生区域、具体操作者等都予以了极为严格的制度规范，这有效保证了游牧生产活动的顺利开展，而元朝的强大国力及广阔的控制区域也为游牧生产方式的利用提供了更广阔的历史舞台。因此，游牧经济也是元朝时整个蒙古草原及更广阔地区内最为经典的经济类型，出现了繁荣与鼎盛发展的阶段性特征，《蒙古秘史》第九节中对元代蒙古族生产及生活场景有如下的记述：

　　豁里剌儿台·蔑儿干由于豁里·秃马惕地区自相禁约，不得捕猎貂鼠等野兽，感到烦恼。他成为豁里剌儿氏，因不尔罕·合勒敦山为可捕猎野兽的好地方，便迁移到不尔罕·合勒敦山的开辟者（《秘史》原文为"孛思合黑三"，旁译误作人名，其实并非专名，而为普通词语，意为"建立、创立、开辟者"）兀良孩部（即"兀良合惕部"）的晒赤·伯颜处来。[16]

　　由此段记述可以看出，此时期蒙古草原上主要游牧民族"蒙古族"的游牧生产方式，基本上是蒙古草原及更广阔区域内的主导生产方式（图9-11）。

有学者根据《蒙古秘史》对当时蒙古族经济类型分布区域研究后指出："十二世纪的蒙古部落大致可分为两群，即'草原畜牧部落'与'狩猎部落'，'畜牧部落'分布在呼伦贝尔湖起直到阿尔泰山脉西支一带的广大草原上，在此区域内进行游牧；'狩猎部落'分布在贝加尔湖、叶尼塞河上游和额尔齐斯河沿岸。这两个部落有时也会以对方的生活方式来补充自己部落的生存需求。"[17]据此可知，蒙古族在元代以前并非是单纯地从事"游牧经济"，而是在北方草原广阔区域内保留着"畜牧"与"狩猎"经济，但"狩猎经济"正在向"畜牧经济"方向过渡。

随着元朝大一统王朝的建立，元代游牧经济逐渐影响到中原汉人（尤其是生活在临近蒙古草原的汉人）的日常生产及生活，也成为中原地区农耕社会的有效补充形式，[18]游牧经济向异地与异族的传播也为游牧经济利用与影响范围的扩大提供了社会前提。此外，在元代，统治者将大部分徭役作为专业，并分拨一部分人户世代担负，"打捕户"便是其中一类，这些人户与民户异籍，一般民户不需要负担这些专业性的徭役，但是这些专业户籍负担的本专业徭役之外的其他徭役则由民户按户等分担。如《元史·兵四》所载内蒙古草原及毗邻地区的打猎户生产及生活情况：

腹里打捕户，总计四千四百二十三户。河东宣慰司打捕户，五百九十八户。晋宁路打捕户，三百三十二户。大同路打捕户，一十五户。（冀）宁路打捕户，二百五十一户。上都留守司打捕户，三百九十七户。宣德提领所打捕户，一百八十二户。山东宣慰司打捕户，一百户。益都路打捕户，四十三户。济南路打捕户，三十六户。般阳路二十一户。东平路三十四户。曹州八十四户。德州一十户。濮州三十一户。泰安州五户。东昌路一户。真定路九十一户。顺德路一十九户。广平路一十九户。冠州五户。恩州二户。彰德三十七户。卫辉路一十六户。大名路二百八十六户。保（定）路三十一户。河间路二百五十二户。随路提举司一千一百九十一户。河间鹰房府二百七十六名。都督管府七百五十六户。[19]

由此可见，元代打捕户数量的增多及分布范围之广泛也表明此时期统治阶层对于打猎行为的高度重视，且上述区域内打捕户的存在也表明此时期当地存在一定面积的未被垦殖开发的自然空间，否则是无法进行打猎的（图9-12）。

图 9-11-1　铜马镫

图 9-11-2　陶鞍马

图 9-11　元代马镫、陶俑（鄂尔多斯博物馆供图，孔群摄影）

图 9-12-1　驮物马

图 9-12-2　陶狗俑

图 9-12　元代陶俑（鄂尔多斯博物馆供图，孔群摄影）

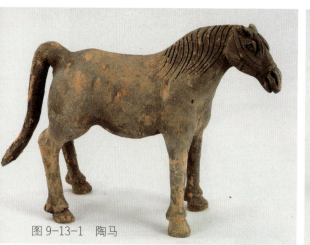

图 9-13-1　陶马

图 9-13-2　陶车

图 9-13　元代陶马陶车（孔群摄影）

此外，随着元朝在全国统治的逐渐确立，游牧经济的分布范围也在扩大，临近北方草原的青海、甘肃、陕西、山西等省份的中北部地区被划分为蒙古贵族的牧场，由农转牧及游牧区域扩大等纷纷出现，给这些地区已被破坏草原自然环境的恢复和原有草原自然环境的保持提供了有利契机。

在元朝初期，蒙古族的牧地就已十分辽阔，在蒙古草原以外的其他区域也多有分布，根据《元史》的记载："其牧地，东越耽罗，北逾火里秃麻，西至甘肃，南暨云南等地，凡一十四处。自上都、大都以至玉你伯牙、折连怯呆儿，周回万里，无非牧地。"[20]因此，游牧范围的扩大也为游牧经济利用者群体与分布范围的扩大提供了可能，直接促进了游牧经济在

此时期的繁荣发展。根据《元史》的相关记载，元朝十四处牧马地分别为：

甘肃、土番、耽罗、云南、占城、芦州、河西、亦奚卜薛、和林、斡难、怯鲁连、阿剌忽马乞、哈剌木连、亦乞里思、亦思浑察、成海、阿察脱不罕、折连怯呆儿等处草地，内及江南、腹里诸处，应有系官孳生马、牛、驼、骡、羊点数之处，一十四道牧地。[21]

可以发现，元朝牧马地分布范围之广，在边疆有草原地区都广泛分布着畜牧业，甚至在某些农耕区也有畜牧业的牧马地，凡此所述，都表明元代游牧经济在影响范围与分布区域上出现了持续性扩大（图9-13）。

蒙古族在长期的游牧生产与生活

活动中也积累了丰富的关于保证人与草原自然环境和谐共处及游牧生产顺利开展的经验，尤其是在国家强大的政治、军事等实力的支撑下，为本民族游牧经济的发展提供了更广阔的空间。尤为重要的是，蒙古族在长期的游牧生产与生活中，掌握了各类牲畜的生活规律、习性和不同生长条件等情况，因而蒙古族及其祖先长期以来掌握着分畜而牧、分别管理的规律与方法。此外，蒙古族及其祖先对草场的认真选择、精心保护以及分群分类管理、放牧是科学合理的，畜牧业生产技术的发展，也为牲畜数量和质量的提高创造了条件。[22]受此影响，游牧经济在这一时期也迎来了繁荣发展的有利契机，呈现出繁荣与鼎盛发展的阶段性特征，尤其是随着蒙古族控制疆域在方向上不断向南与向西持续扩展，也将蒙古草原及邻近地区更广阔的区域划为本族的牧场，进一步促进了草原游牧经济影响范围的扩展。

图 9-14 元上都建筑基址（高兴超摄影）

图 9-14-1 宫城 1 号建筑基址（大安阁）

图9-14-2 宫城建筑基址

## （三）元代以来蒙古草原的开发利用

元代以来，蒙古人对蒙古草原（尤其是今日内蒙古地区所辖草原地区）进行了较为深入的开发利用，出现了大量城市及各类建筑物（图9-14），尤其是在今内蒙古的中南部地区，城市等定居聚落的分布较为密集。但我们也必须意识到，城市建筑用地及围绕着城市建设而出现的其他各类用地是对草原自然环境改造性利用，对于草原自然环境而言也是极大的破坏，这也成为此时期草原环境变迁的直接诱因。

结合历史文献记载与当代考古发掘的遗存可以发现，元代蒙古地区的城镇内出现了一些宏大建筑，包括上都（今锡林郭勒盟正蓝旗东北）系元代别都，宫室园囿，府库官署等。皇帝家族及百官每年都到这里度夏。桓州（今正蓝旗境内）、平地县（今集宁）、丰州（今呼和浩特）、云内州（今毕克齐南）、松州（今赤峰西南）、全宁（今翁牛特旗乌丹）、应昌

图 9-15-1　集宁路考古发掘现场

图 9-15-2　市肆遗址

图 9-15　元代集宁路遗址（摘自《内蒙古文化遗产丛书》《乌兰察布文化遗产》，文物出版社，2014 年。）

城（今克什克腾旗）等都有一些手工业者、商人。除此之外寺庙也不少，僧侣数量众多。[23]因此，城市研究是蒙元时期蒙古草原上考古学研究的重点领域。内蒙古境内蒙元时期的城镇遗址达 85 座之多，内含都城、路府州县、投下城等不同类别。[24]

蒙元时期主要修筑的城市聚落多位于今日内蒙古的中部及偏东部地区，在其余地区也有零星分布。近 70 年的考古发掘工作，明确了元上都、敖伦苏木古城、应昌路、亦集乃路、集宁路（图 9-15）、净州路、砂井总管府、全宁路、宁昌路、桓州城、松州城、威宁县城、宣宁县城、平地县城、丰州城、云内州城址、东胜州城址、红城屯田所、大宁路、武平县城、高州城、兀剌海路城址、黑山头古城、巴彦乌拉古城、大浩特罕古城、小浩特罕古城等大量蒙元城市的基本情况及性质。[25]根据郭殿勇的统计，元代内蒙古草原上修筑的主要城市（位于内蒙古黄河流域）及相关信息见表9-1。

表9-1　元代内蒙古地区城市及其分布地区统计表

| 归属名称 | 所在地 | 所属行省 |
|---|---|---|
| 哈召呼都格城 | 包头市达茂旗希拉穆仁苏木哈召呼都格村南500米 | 中书省 |
| 兀剌海路城 | 巴彦淖尔市乌拉特中旗新忽热苏木政府驻地北1公里 | 甘肃等处行中书省 |
| 破塔子城 | 包头市达茂旗额尔登敖包苏木哈沙图村破塔子牧业点东南1公里 | 中书省 |
| 北城圐圙城 | 包头市达茂旗满都拉苏木黑沙吵嘎查古城子牧点 | 中书省 |
| 苏吉城圐圙城 | 包头市达茂旗大苏吉乡城圐圙村南500米 | 中书省 |
| 碱池城 | 呼和浩特市托克托县燕山营子碱池村东北200米 | 中书省 |
| 德日苏呼都格城 | 包头市达茂旗满都拉苏木额尔登敖包东15公里 | 中书省 |
| 土城东城 | 乌兰察布市察右中旗土城子乡土村东1公里 | 中书省 |
| 大圪达城 | 乌兰察布市兴和县五一乡大圪达村西北500米 | 中书省 |
| 台基庙城 | 乌兰察布市兴和县台基庙乡政府驻地南1公里 | 中书省 |
| 土城 | 乌兰察布市化德县土城子乡大湾村北500米 | 中书省 |
| 大湾城 | 乌兰察布市化德县土城子乡大湾村北500米 | 中书省 |
| 集宁路城 | 乌兰察布市察右前旗巴彦塔拉乡土城子村北 | 中书省 |
| 净州路城 | 乌兰察布市四子王旗吉生太乡城卜子村东 | 中书省 |
| 云内州城 | 呼和浩特市托克托县古城乡南园子村东北700米 | 中书省 |
| 宣宁县城 | 乌兰察布市凉城县淤泥滩村 | 中书省 |

| 归属名称 | 所在地 | 所属行省 |
|---|---|---|
| 什泥板城 | 呼和浩特市土左旗陶思浩乡什泥板村西400米 | 中书省 |
| 南土城 | 呼和浩特市武川县东土城乡南土城村东北 | 中书省 |
| 思腊哈达城 | 乌兰察布市四子王旗红格尔苏木思腊哈达村西50米 | 中书省 |
| 波罗板升城 | 乌兰察布市四子王旗大黑河乡古城村北 | 中书省 |
| 罗坝城 | 乌兰察布市四子王旗供济堂乡庙底村东500米 | 中书省 |
| 察汗不浪城 | 乌兰察布市察右后旗当郎忽洞苏木察汗不浪村西南1公里处 | 中书省 |
| 大文城 | 乌兰察布市商都县八股地乡大文村东北500米 | 中书省 |
| 泉子沟城 | 乌兰察布市商都县卯都乡泉子沟村东 | 中书省 |
| 公主城 | 乌兰察布市商都县四台坊子乡公主城村 | 中书省 |
| 沙贝库伦城 | 包头市达茂旗额尔登敖包苏木政府驻地北6公里 | 中书省 |
| 德宁路城 | （今"阿伦斯木"，俗称"五英雄城、赵王城"）包头市达茂旗都荣敖包苏木乌兰察布嘎查西北6公里 | 中书省 |
| 平地县城 | 乌兰察布市察右前旗三号地乡苏集村南 | 中书省 |
| 下色拉营城 | 乌兰察布市察右后旗当郎忽洞苏木下色拉营村北200米 | 中书省 |
| 大南沟城 | 乌兰察布市察右后旗哈彦忽洞苏木大南沟村500米 | 中书省 |
| 六苏木城 | 乌兰察布市凉城县六苏木乡政府驻地东250米 | 中书省 |
| 干草忽洞城 | 乌兰察布市凉城县天成乡干草忽洞村东北1公里 | 中书省 |
| 李之营城 | 乌兰察布市化德县七号乡李之营子村西北500米 | 中书省 |
| 大恒城 | 乌兰察布市化德县白土卜子乡大恒村北50米 | 中书省 |
| 大岱城 | 呼和浩特市土左旗大岱乡政府驻地西北1公里 | 中书省 |
| 小红城 | 呼和浩特市和林格尔县大红城乡小红城村北200米 | 中书省 |
| 砂井总管府城 | 乌兰察布市四子王旗红格尔苏木布拉莫仁庙村西南1公里 | 中书省 |
| 丰州城 | 呼和浩特市太平庄乡白塔村西南300米 | 中书省 |

| 归属名称 | 所在地 | 所属行省 |
|---|---|---|
| 东胜州城 | 俗称"大皇城",呼和浩特市托克托县城关镇西北东沙岗 | 中书省 |
| 东土城 | 呼和浩特市武川县东土城乡政府驻地北 | 中书省 |
| 大土城 | 乌兰察布市察右前旗大土城乡政府驻地内 | 中书省 |
| 城卜子城 | 乌兰察布市察右前旗三号地乡土城子村西北400米 | 中书省 |
| 东麻黄洼城 | 乌兰察布市四子王旗巨巾号乡东麻黄洼村北500米 | 中书省 |
| 乌兰牧场城 | 乌兰察布市四子王旗乌兰牧场东南1公里 | 中书省 |
| 曹不罕城 | 乌兰察布市察右后旗石门口乡曹不罕村 | 中书省 |
| 广益隆城 | 乌兰察布市察右中旗广益隆乡东土城子村西500米 | 中书省 |
| 西井子城 | 乌兰察布市商都县西井子乡政府驻地东南10公里 | 中书省 |
| 大拉子城 | 乌兰察布市商都县大拉子乡土城子村 | 中书省 |
| 库伦图城 | 包头市达茂旗巴音敖包苏木库伦图村东400米 | 中书省 |

（资料来源：郭殿勇：《人·历史·环境——蒙元时期的内蒙古》，呼和浩特：内蒙古大学出版社，2007年。）

由表9-1所统计信息可以发现，蒙元时期内蒙古草原上（主要是分布在内蒙古黄河流域）的城市聚落出现较多且分布地域较广，这些定居聚落尤其是城镇等大型聚落的出现对于游牧民族生存的意义至为重要。

研究指出，草原上零星分布的聚落与都市对于草原"游牧"生产及生活的顺利进行至为重要，"都市"与"聚落"是草原上经济活动联系的必要环节，游牧必须与绿洲共存共荣，在大草原上逐水草而居的游牧民族，需要带着收成定期朝"点"状的绿洲城市聚集。这些点状的城市是人与物的交会处，更是生产、交易、移动、信息及文化的汇集点（图9-16）。因此，这些聚落及都市的存在对于游牧民族生存发展的意义重大，是草原游牧民族维持生存与经济生产的重要环节。[26]因此，定聚聚落或城市的存在对蒙古族的日常生产与生活至为重要，是维持游牧生活的重要环节。

然而在草原上大肆修城建堡是不利于草原自然环境的保护及游牧经济

的发展，因为固定建筑的修建必然耗费大量的木材及砖瓦等建筑材料，同时也因筑造大型建筑而破坏了草原地表的原初自然环境，这势必会导致草原自然环境的破坏，并影响到游牧经济的存在与发展。此外，城堡等固定聚落的出现必然导致人口的聚居和定居，逐水草而居的游牧生产与生活方式在这样的社会环境中是难以实现的（图9–17）。

值得注意的是，因蒙元时期特殊的丧葬习俗，在内蒙古地区发现的蒙

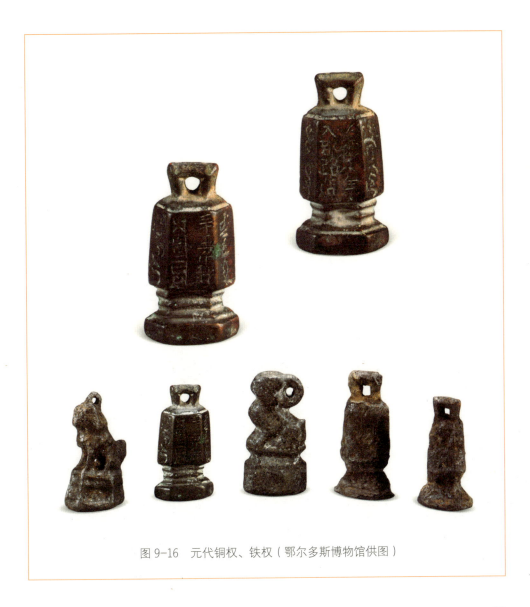

图 9-16　元代铜权、铁权（鄂尔多斯博物馆供图）

图 9-17　元代燕家梁遗址及黄河（内蒙古博物院供图）

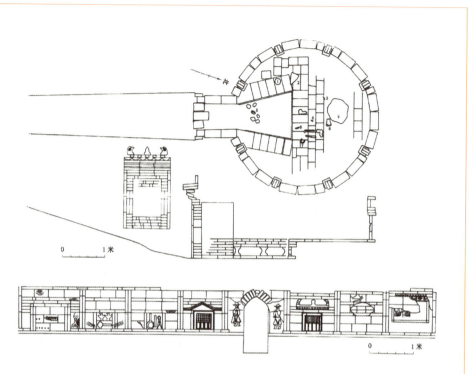

图 9-18-1  大沙塔墓形制图

图9-18-2  大沙塔夫妇对饮图

图9-18-3  大沙塔骑龙武士图

图9-18  准格尔旗大沙塔壁画墓（1图摘自《鄂尔多斯文物考古文集·第二辑》远方出版社，2004年；2图、3图摘自《准格尔旗文物志》，内部资料。）

元时期墓地数量并不算多，但其历史文化价值同样不容忽视。根据张红星等的梳理统计：目前在内蒙古地区发现的蒙元时期墓地仅80余座，墓葬有3000余座。其中位于内蒙古黄河流域的包括：最早发现的蒙元时期墓葬是1927年，日本人在达茂旗敖伦苏木古城附近发现的"汪古部墓葬"。此后发现的蒙元时期墓葬有：1954年，在托克托县伞盖村发掘的元代墓葬；1958年，在察右前旗集宁路古城西清理的元代墓葬，发现的大型石像生；1959年，在呼和浩特市五路村发现的元代石棺墓；1973年，在四子王旗大黑河乡丰收地村清理出的元代墓葬；1974年，在达茂旗白彦敖包苏木毕其格图好来、额尔顿敖包苏木发掘的元代墓葬；1974年、1997年，发掘达茂旗敖伦苏木古城时在其附近发现的元代古墓群；1976年，在兴和县五股泉乡五甲地村清理出的蒙元时期墓葬；1978年、1985年，在达尔罕茂明安联合旗大苏计发掘的明水墓。此外，在阴山以北地带发掘了如"宫胡洞""潮格温克沁""乌兰忽洞""五甲地""明水""毕其格图

图 9-19　阿尔寨石窟及窟内壁画（鄂尔多斯博物馆供图）

图 9-19-1　石窟远景

图 9-19-2 石窟近景

好来""王墓梁""城卜子""木胡儿索卜嘎墓葬"等蒙元时期的墓葬，这些墓葬大多是属于汪古部的遗存，部分墓葬中还出土了景教的墓顶石等，这也反映了汪古部的宗教信仰和丧葬习俗。此外，在内蒙古黄河流域发掘的墓葬及时间与地域分布为：1978年，清理发掘了准格尔旗大沙塔壁画墓（图9-18）；1990年，对凉城县后德胜元墓进行发掘；1995年，在乌审旗河南乡五大队古城村清理元代墓葬；1996年，发掘达茂旗木胡儿索卜嘎墓地，在该墓地发现墓葬380余座，规模较大；2001年，发掘准格尔旗大路乡元代壁画纪年墓，发现苏尼特左旗恩格尔河元代墓葬；2007年，对和林格尔县小红城墓葬进行考古发掘。[27]这些蒙元时期墓葬的考古发掘无疑是此时期蒙古族对内蒙古黄河流域开发利用的重要体现，其历史意义同样不容忽视。

图 9-19-3 石窟内壁画——蒙古贵族受餐图

值得注意的是，佛教及佛教相关建筑在元代的蒙古草原上迎来了繁盛发展的新时期。元朝建立前后，蒙古族统治已进入原西夏境内。藏传佛教萨迦派率先与蒙古王子阔端联络，进而与元世祖忽必烈紧密联系，有元一代，藏传佛教被奉为国教，特别在西北地区，藏传佛教的活动空前活跃。与佛教相关的建筑也大量出现，尤其是"阿尔寨石窟"，曾被称作"百眼窑石窟"，被誉为中国长城以北草原地区"硕果仅存的晚期佛教石窟遗迹"，展现了蒙元时期佛教在蒙古草原上的繁盛发展。"阿尔寨石窟"位于今内蒙古鄂尔多斯市鄂托克旗西北部的阿尔巴斯苏木境内，其西部是鄂尔多斯最高的山——乌仁都西山。阿尔寨石窟开凿于一处红色层次砂岩构成的孤立圆形平顶小山壁崖上，如今山下已经没有河水流淌。[28]现在，阿尔寨石窟是内蒙古自治区境内发现的规模最大的石窟建筑群，同时也是世界上绝无仅有的草原石窟建筑（图9-19）。

图9-19　石窟内回鹘蒙古文、藏文榜题

# 三、蒙元时期内蒙古黄河流域的开发利用

在元朝统一的兼并战争完成之前，内蒙古黄河流域分别处于西夏（控制着中西部地区）和金朝（控制着东部地区）的统治之下。在辽、金、西夏时期，现在的大青山南北都是辽代的农业区之一，山北为汪古部驻地，这一区域也成为内蒙古黄河流域的重要农业分布区，农业在此时期广泛分布于内蒙古黄河流域（图9-20）。在大青山南的土默特川平原，辽设置了丰州、云内州和东胜州，如此建置也源于这里的农业人口很多，从丰州附近的毛不浪辽代古城遗址中出土的铁铧、石臼等也可以看出此时期当地农业的发展状况。因此，当代的考古发掘成果也进一步证实了这一地区农业在辽代取得的繁荣发展。到了金代，这一地区的农业发展基本保持了辽代的水平，某些地区取得了进一步发展。

在土默特川平原，根据万部华严经塔第1、第4、第5、第6号碑刻的记载，这里在金代时存在许多村落，能够辨识出来的就有20多个，这些村落分布在大、小黑河沿岸以及大青山河谷地带，并在村落周围开辟了大量土地。除农田外，还有"园户"，即分布在园圃里面种植蔬菜的农户。到了金代中期，参知政事纳合椿年冒占土默特川平原及其左近官田八百顷，其子继续抢占耕地，但受到民众的反对，这也从一个侧面反映出这里农业取得的较快发展。就农作物而言，这一时期秌穄是当地的主要农作物，其次是黍（黏性黄米），至于粳稻、荞麦等作物，数量虽然不多，但也是此时期当地的重要粮食作物（图9-21）。因为这些作物生长周期比较短，且耐寒、耐旱是这些农作物的主要特点，因而能够适应当地的自然环境。此外，生产工具有犁、铧、铲、刀和牛（图9-22），谷物加工工具有

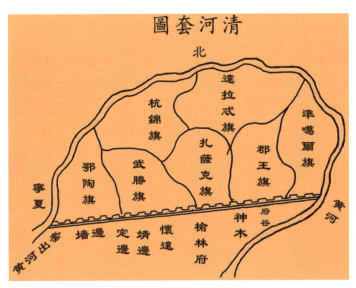

图 9-20-1　清代河套图

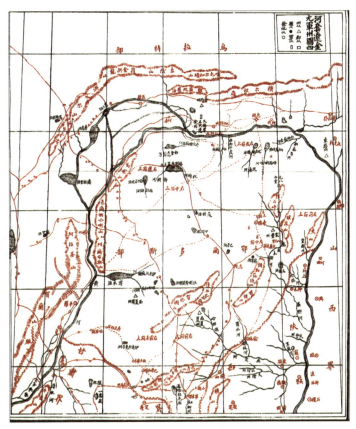

图 9-20-2　河套辽金元军州图

图 9-20　辽金元及清代河套图（1 图摘自《河套图考绥远河套治要》，内蒙古大学出版社，2017 年，陈兴华制图；2 图摘自《河套图志》，内蒙古大学出版社，2017 年。）

图 9-21-1 哈达哈少金元时期城址地貌

图 9-21-2 城址内出土的石磨盘

图 9-21 哈达哈少金元时期城址及出土的磨盘（摘自《内蒙古文化遗产丛书》《乌兰察布文化遗产》，文物出版社，2014 年。）

图 9-22-1　铜锅

图 9-22-2　铁犁

图 9-22　元代生产生活器物（鄂尔多斯博物馆供图）

杵、臼、磨和碾子等，这也表明了当地在此时期农业的存在与发展状况。但需要注意到，当地农业在此时期的生产经营较为粗放，发展水平很难称得上发达。[29]但不容忽视，辽金时期农业的发展奠定了蒙元时期内蒙古黄河流域农业继续繁荣发展的基础。

因此，蒙古政权兴起并控制了内蒙古黄河流域以后，当地农业也有所发展，这既是对历史时期农业的继承，也是蒙古族自身接受农业并有所发展使然。在鄂尔多斯及毗邻地区，自1205年至1227年间，蒙古汗国军队通过6次征伐，终于灭亡西夏。由此，蒙古族正式进入并控制了鄂尔多斯高原及毗邻地区。1234年，蒙古族又消灭了金国，包括鄂尔多斯高原在内的内蒙古黄河流域的绝大部分区域

都被纳入蒙古汗国的统治之下，而原本活跃于鄂尔多斯高原的党项及女真等民族逐渐消失或迁徙他地。至元八年（1271年），忽必烈改国号为"大元"，并在鄂尔多斯高原建立了新的行政机构（图9-23）。鄂尔多斯高原上的民族自此时期进行了新的分散和整合。从此，蒙古族与鄂尔多斯高原发生了更加紧密的联系，而灭国后的党项族人和女真族人逐渐消失于鄂尔多斯高原。与此同时，来自中亚的回回人开始踏上这片土地，遂世代定居于此。鄂尔多斯高原民族的构成及其分布出现了新的变化。[30]这些新进入的蒙古人与回回人成为元代以来内蒙古黄河流域新的开发者与建设者。

元朝统治下的内蒙古黄河流域也存在较多的农业生产活动。根据宝音

图9-23-1　"大元国内"文字瓷罐　　图9-23-2　白釉花纹罐

图9-23　元代画花瓷器（鄂尔多斯博物馆供图）

图 9-24-1　净州路故城全景

图 9-24　净州路故城遗址（摘自《内蒙古全国重点文物保护单位》，文物出版社，2017 年。）

德力根等学者在《内蒙古通史》中的梳理，当地农业生产如汪古部在集宁、沙井、净州、丰州[31]以至延安府境内的居民多从事农业生产，当时被称为"种田白达达"。净州以北的沙井，"旧业畜牧，少耕种"，后来在地方官的提倡下，农业得到发展，"民生滋厚"（图9-24）。丰州地区的农业在辽金时代就有所发展，元初丰州地区的农业生产有所恢复。元朝在丰州设丰州知州兼诸军奥鲁"劝农事"一职。刘秉忠《过丰州》诗云："山边弥弥水西流，夹岸离离禾黍稠……车马喧阗尘不到，吟鞭

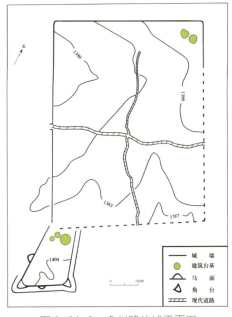

图 9-24-2　净州路故城平面图

斜袅过丰州。"这首诗生动地反映了丰州地区的乡村景象。《马可波罗行纪》载："天德是向东之一州，境内有环以墙垣之城不少，主要之城名曰天德……州人并用驼毛制毡甚多，各色皆有，并恃畜牧务农为生，亦微作工商。"这反映了当地百姓农牧并举的生产活动，也正是《丰州甸城道路碑》所记载的丰州地区"垦耕牧养，军民相差居止"的景象。在汪古部领地的集宁路遗址和周围地区的考古中，发现了许多农业生产工具，如铁耧、铁铧、铁耙齿、铁锄、铁铲等，形制进步、种类繁多，反映了当时该地的农业生产水平是比较高的（图9-25）。出土的实物中，还有磨盘、石杵、臼、碌碡等粮食加工和灌溉工具，还发现规模小、构造简陋的民用粮窖（自地表至底，深约1.3米，直径0.8米）。此外，在今百灵庙东北的赵王城遗址中发现了石臼、石磨盘等物，可见在大青山以北已有农业技术的发展。[32] 由此段内容可以看出，蒙元时期内蒙古黄河流域的农业发展依然没有中断，但也需要注意到，此时期当地也成为蒙古族的牧场，因而此时期内蒙古黄河流域的社会生产格局应是农耕与游牧并存且交错分布。

研究指出，即便是到了元代，游牧民族作为统治阶层，在边地进行驻兵屯田及农业生产也始终存在，这也直接导致了游牧经济分布范围的缩小。元朝建立之后，元朝统治者开始在元大都、上都（今内蒙古正蓝旗境内）等地区"内立诸卫，屯田阅武，居重御轻"[33]，并以此作为保卫元廷统治的屏障。而山西、陕西等北部地区也因之成为戍边屯田的重要区域，受此影响，山西等地区出现了较成规模的戍边屯田，而蒙汉接触地带的农业发展也成为这一时期草原地区游牧经济遭受破坏的关键影响因素之一。

因戍边而进行的屯田及农业发展也成为蒙古草原部分地区游牧经济遭到破坏的关键所在，根据瞿大风的统计，至元二十九年（1292年），大同路开始设立屯田府，开垦荒田2000顷；大德十一年（1307年），改侍卫亲军都指挥使司，仍领屯田；元仁宗时，有田5000顷；延祐二年（1315年），迁红城屯军于古北口、太平庄屯种；延祐七年（1320年），复迁中都卫军800人，于左都威卫所辖地内别立屯署。此外，腹里所辖大同屯储府在大同、山阴县屯田，有9900人，屯田5000顷。[34] 可以看出，元朝在部分蒙古草原南缘地区所进行的大规模屯田活动，内蒙古黄河流域成为此时期屯田的重要区域，这也是影响元代当地农业生产发展的一个重要因素（图9-26）。

同时需要注意到，黄河流域的部分区域在此时期也成为蒙古族的

图 9-25　元代铁犁模具（鄂尔多斯博物馆供图）

牧场，如鄂尔多斯地区，13世纪之后，成为忽必烈第三子安西王忙哥剌的领地，此地区也成为元朝的十四大牧场之一，专营牧马。经过元一代的发展，今日内蒙古地区的游牧经济已成为主要经济类型，农业经济发展受到极大限制，而农业经济的衰落与游牧经济的恢复发展，对于草原自然环境的恢复及草原自然环境的维护较有帮助。

至元末明初时，汤和北击元军，洪武三年（1370年），"复以右副将军从大将军败扩廓于定西，遂定宁夏，逐北至察罕脑儿（鄂尔多斯

图 9-26-1 铁犁部件

图 9-26-2 铁犁　　　　图 9-26 元代农具（鄂尔多斯博物馆供图）

地区），擒猛将虎陈，获马牛羊十余万，徇东胜、大同、宣府皆有功"[35]。据此可以看出，这一时期鄂尔多斯地区存在相当规模且发展水平较高的游牧经济，这也得益于当地分布较广的草原植被。吴宏岐对此也认为："陕北高原以北的内蒙古地区自魏晋南北朝以来便持续着游牧生产为主的大格局，很少出现农牧生产方式的变换。而到了宋元时期，这一地区更成为游牧部落的驻牧地区，游牧经济成为主导。"[36]因此，元代虽国祚短暂，但蒙古族将游牧经济的影响程度及利用范围加深、扩大，将其逐渐推至鼎盛发展时期（图9-27），虽然内蒙古黄河流域的农业没有绝迹，但是当地游牧经济再一次繁荣发展起来，并对当地自然环境与人类社会文明发展产生了深远影响。综合上述可见，元代对内蒙古黄河的开发利用取得了很大成就。

此外，元朝建立后，元世祖忽必烈曾派遣女真人（也有学者认为是蒙古人，金朝女真族蒲察氏后裔）都实专门去探寻黄河河源，都实发现了黄河正源，这是中国古代首次真正发现黄河正源；贾鲁用疏、塞、浚的办法治理河患，取得了成功，保证了黄河下游水流的相对稳定；黄河漕运在元代也得到了一定程度的开发。元代的统一，驿站的设立，交通的方便，对

边地管理的加强等，为河源的探索创造了更为有利的条件。因此，元世祖至元十七年（1280年），忽必烈派都实为招讨使，佩金虎符，专门探寻河源，这是中国历史上官方首次派人专门考察河源，并取得了很大的成绩，首次真正发现了河源，指出黄河正源是火敦脑儿，即星宿海。黄河河源的发现，不但是元代科技文化的一项重要成果，而且是中华民族优秀传统文化的一个组成部分。我们不应该忽视元代女真人都实的历史功绩。[37]虽然元代有关黄河真正河源的这一说法仍有待商榷，但找到黄河正源，其探索精神与为之所付出的努力是值得肯定的。

图 9-27　金马鞍及其饰件（摘自《天骄遗宝——蒙元文物精品》，文物出版社，2011 年。）

# 四、蒙元时期草原丝绸之路的发展

"草原丝绸之路"是指历史时期草原与外界存在交流，或以草原为通道的对外交流（图9-28）。考察发现，"草原丝绸之路"在史前就已经存在并在对外交流中发挥过重要历史作用，如北欧亚草原的铜器就是经由此通道传至中国。相比于"海上丝绸之路"、"陆上（沙漠）丝绸之路"与"西南茶马古道"，"草原丝绸之路"的开辟时间最早，持续的时间也

图9-28　乌拉特前旗新忽热古城——元兀喇海路城址（内蒙古河套文化博物院供图）

最长。杜晓勤指出，周穆王西征传说的地理背景也应是此道。秦始皇修建的"秦直道"，为此道的畅通奠定了基础。汉帝国与匈奴的丝绸贸易，主要赖于此道。魏晋时期，此道西段的"北新道"开始兴盛。唐代的"参天可汗道"辐射范围更为辽阔，"安东道"将之往东北亚延伸，"渤海道""日本道"则与"海上丝绸之路"连通。到了辽元时期，此道进入了繁荣发展时期。之后，草原丝绸之路渐趋冷落。[38]因此，蒙元时期的"草原丝绸之路"尤为值得关注，这一时期是"草原丝绸之路"繁荣发展的关键阶段，但随着元朝的覆灭，"草原丝绸之路"也趋向衰落。

在明清以前，北方草原上一直存在着沟通中国与欧亚内陆诸国及地区的"草原丝绸之路"，其存在历史既久且影响深远，因而在元代及以前，北方"草原丝绸之路"所经范围多为欧亚大陆的广阔区域，据中外学者的考证，希罗多德笔下的这条联通欧亚的草原通道，西从多瑙河，东到巴尔喀什湖，中间经过第聂伯河、顿河、伏尔加河、乌拉尔河或乌拉尔山，再往东与蒙古草原相通。[39]这是对元代及以前北方"草原丝绸之路"的宏观概述，且在不同时期，北方"草原丝绸之路"的涵盖范围与所指内容也不同，并呈现出差异显著的阶段发展特征。

前文已指出，"草原丝绸之路"在蒙元时期取得了较快发展并呈现出繁荣发展的趋势。在此时期内，"草原丝绸之路"可分为南北两条主要线路，其北线东起西伯利亚高原，经蒙古高原向西，再经咸海、里海、黑海，直达东欧；其南线东起辽海，沿着燕山北麓、阴山北麓、天山北麓，向西到中亚、西亚和东欧地区。[40]可以发现，内蒙古

黄河流域是蒙元时期"草原丝绸之路"南线的途经区之一，也是沟通草原与中原地区的重要通道（图9-29）。

"草原丝绸之路"自史前出现一直延续发展至元代，自元代以后，"草原丝绸之路"开始衰落。对于元代以后北方草原丝绸之路的衰落，苏联历史学家乌拉吉米索夫分析指出："元朝崩溃之后，回到草原和山岳的蒙古人，更较比陷于成吉思汗时代以前之孤立状态。当然，这种的状态由他的经济可以详细说明。资料虽然缺乏，我们可以断言其他文化各国的贸易复又几乎完全陷于停顿状态。贸易道路的荒废，商人的足迹都断绝了。同时以前手工职业人和农民的居留地也随之消灭。1.交易场被掠夺，不但蒙古人相互掠夺并且掠夺其他邻近的游

图 9-29　察罕脑儿故城（高兴超摄影）

牧民和定着民。2.掠夺袭击是成为日常事务。"[41]由此可见，元朝的覆灭无疑给北方草原丝绸之路造成了巨大破坏，直接导致其在元代结束之后出现衰落，但这并非表明元代以后蒙古草原就失去了与外界的联系，而是通过新的方式（即"万里茶道"）继续对外交往，尤其是与北部沙俄的经济往来极为繁盛，这在后面内容中会有详细介绍，在此不做赘述。

综合上述可见，蒙元时期，经由蒙古草原的中西经济交流尤其是商贸往来空前活跃，这也与蒙元政权控制辽阔的疆域有关。在成吉思汗统一蒙古各部落之前，蒙古地区各部林立，关卡重重，战火纷飞，一定程度上妨碍了交换活动和商业的繁荣发展，阻碍了草原丝绸之路的发展。[42]成吉思汗及其继承者率军横扫欧亚大陆，将各区域连为一体，畅通的对外交流通道使"草原丝绸之路"在此时期繁盛于前代（图9-30）。因此，兴起于大草原上的元帝国，疆域辽阔，横跨欧亚大陆，还建立起一条从漠北至西伯利亚，西经中亚远达欧洲的极为发达的草原大通道。具体而言，元上都是当时名副其实的国际性大都会，来自西域各国和欧洲的使者、旅行家、商人、传教士的数量，远远超过了中国历史上以往的任何一个朝代。[43]其中有不少人就是通过"草原丝绸之路"来到中国的（图9-31）。

在此时期，"草原丝绸之路"的南线和北线逐渐联系起来，而且经过

图 9-30　内蒙古地区出土的元代陶、瓷器（内蒙古文物考古研究所供图，孔群摄影）

图 9-30-1　黑陶盒

河西走廊的丝绸之路，以及由四川、云贵通向南亚的道路，还有中国东南沿海与波斯湾、地中海及非洲东海岸的海洋丝绸之路都联系起来了。因而在蒙元时期，仅在欧亚大陆的北方，就形成了4条主要的交通大道，分别是：第一，从蒙古通往中亚、西亚和欧洲的道路；第二，南西伯利亚各部间的东西交通线路；第三，从河西走廊通往中亚、西亚和欧洲的线路；第四，从中原内地通往中亚的道路，包括元大都通往和林的驿道，大都至上都和上都至辽阳行省的驿道。[44]可见，此四条通道所能联系的范围可谓遍及欧亚大陆的各个区域。王大方研究指出，经由"草原丝绸之路"通往中亚、西亚的商道上，回回商人最为活跃，这些回回商人往来于西域、漠北和中原各地，以粮食、缎匹、武器、奢侈品、宫廷邸宅的建筑材料，以及民用的铜器、铁器、药材和某些原材料等，换取游牧民手中的皮毛、牲畜后，转手贩卖。[45]

时至今日，在内蒙古地区还发现了许多蒙元时期的"草原丝绸之路"遗存，如额济纳旗黑城南墙外的元代清真寺遗址、乌兰察布明水元墓出土的器物，此外，在包头、呼和浩特及鄂尔多斯等地也存在大量蒙元时期的"草原丝绸之路"遗存。[46]这些遗迹的存在都表明内蒙古黄河流域在当时的"草原丝绸之路"上发挥了重要的历史作用（图9-32）。

图9-30-2　钧窑香炉

图9-30-3　卵白釉印花盘

图 9-31　元上都遗址

图 9-31-1　元上都遗址全景（摘自《内蒙古全国重点文物保护单位》，文物出版社，2017 年。）

图 9-31-2　元上都遗址皇城及宫城（摘自《内蒙古全国重点文物保护单位》，文物出版社，2017 年。）

图 9-31-3　元上都皇城内景（高兴超摄影）

图 9-31-4　元上都皇城明德门门址（高兴超摄影）

图 9-32-1 画花盖罐

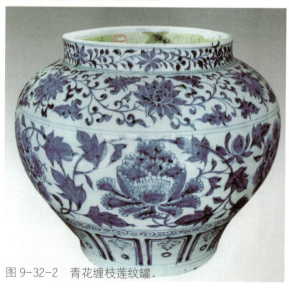

图 9-32-2 青花缠枝莲纹罐

图 9-32 元代瓷器（鄂尔多斯博物馆供图、包头博物馆供图）

# 五、成吉思汗八白宫
# 与鄂尔多斯

在内蒙古河流经的鄂尔多斯高原上，存在着一代天骄成吉思汗的衣冠冢。这一衣冠冢也就是今日鄂尔多斯地区的一处重要旅游胜地——"成吉思汗陵"（简称"成陵"），"成吉思汗陵"位于今内蒙古自治区鄂尔多斯市伊金霍洛旗草原上（图9-33、图9-34）。现今的"成吉思汗陵"是经过多次迁移之后，直到1954年才由青海的塔尔寺迁回故地伊金霍洛旗的草原上，并最终选定以此地作为"成吉思汗陵"。根据历史文献所载，成吉思汗在攻打西夏途中归天后，分别在漠北草原和木纳山南（今鄂尔多斯）建立了成吉思汗白色宫帐，被视为"全体蒙古的总神祇"，以最高规格进行供奉祭祀。相传，1227年，成吉思汗去世之后，在鄂尔多斯地区建造的祭灵白室最初一直处于隐蔽状态，这也源于蒙古族盛行的密葬制度。因此，成吉思汗真正的葬身之地始终是

个未解之谜，有待于新的考古发掘与史料研读。

根据杨道尔吉的考察，蒙古鄂尔多斯部的形成时间可追溯至13~14世纪，是专门负责守护和祭祀成吉思汗的八白室的组合部落。蒙古鄂尔多斯部落是从成吉思汗麾下八位大将的封地中各抽调一部分人，再加上一部分从事事务性劳作的兀良哈人构成的，他们的共同职责就是守护和祭祀成吉思汗陵寝八白室。八白室是可移动的，用以祭祀成吉思汗的象征物，八白室包括：圣主成吉思汗和夫人孛儿帖灵帐、成吉思汗妃忽兰哈屯灵帐、成吉思汗妃古别里金高娃灵帐、溜圆蛋白马神像、宝日温都尔奶桶、弓箭、吉劳（辔）、仓廪。[47]这些器物也成为今日鄂尔多斯市成吉思汗陵的重要组成部分，是祭祀活动中的关键环节（图9-35、图9-36）。

成吉思汗与鄂尔多斯的身世之缘

是当代学界杨勇的提法。[48]根据杨勇的研究，成吉思汗与鄂尔多斯的历史源于1205年—1227年间成吉思汗发动的6次征伐西夏的战争，他曾4次亲征，其间多次途经或暂时性屯兵于鄂尔多斯地区。至1226年—1227年间，成吉思汗亲率蒙古大军征讨西夏，此役也成为成吉思汗一生最后的一次征服战争。就是这次战争，使成吉思汗与鄂尔多斯生死相关。1226年—1227年间，蒙古大军分东、西两路向南开进，倾国征伐西夏。成吉思汗亲率东路军，逾过姆纳山（今乌拉山），进入河套（鄂尔多斯）中部，又西折驻牧于西鄂尔多斯地区。今鄂尔多斯西部地区是成吉思汗征战西夏时，紧邻西夏都城兴庆府与漠北最为形同的草原，成吉思汗的号令大帐——斡尔朵

图9-33 成吉思汗陵陵宫（鄂尔多斯博物馆供图）

图9-34 成吉思汗陵鸟瞰（鄂尔多斯博物馆供图）

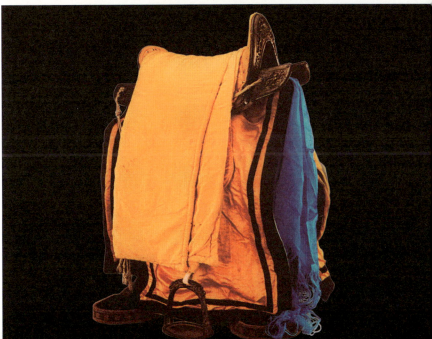

图9-35 成吉思汗马鞍（鄂尔多斯博物馆供图）

图 9-36　成吉思汗弓箭（鄂尔多斯博物馆供图）

（鄂尔多斯）就在这里驻牧，它也成为蒙古东路军休军息马的大牧场，由此可见鄂尔多斯在成吉思汗征讨西夏时的重要战略位置。此外，相关学者研究后认为成吉思汗养伤及病逝也很可能就是在此地。鄂尔多斯是成吉思汗最后眷恋的草原，在这片草原上至今留存的历史古迹、民间故事、民歌祝颂、民俗礼仪、祭祀信仰等都生动记录了成吉思汗最后征战和生活的史实。成吉思汗在出生地实行密葬，但征伐西夏而形成的游牧国家机构和游牧军事部落的大量组织机关、重要人才却留在了被收复的西夏之地，鄂尔多斯就是其中最主要的留守驻牧地。

所以，鄂尔多斯地区至今仍然保留着成吉思汗时代的蒙古宫廷文化、较完整的游牧历史文化遗存，生动再现了那个历史时期成吉思汗大帐（斡尔朵）的一段段辉煌历史。成吉思汗去世后，其子孙和将领组成了护送队伍将其金身秘密埋葬。[49]以上是杨勇对成吉思汗与鄂尔多斯身世之缘的简要叙述，具体历史细节还有待进一步的学术考察与考古发掘。

根据当代学者的研究，在1460年前后，守护与祭祀成吉思汗宫帐的部落鄂尔多斯部于明天顺年间从漠北高原开始进入宝日陶亥地区（即黄河河套平原），到了明成化五年（1469

图 9-37　成吉思汗祭祀（鄂尔多斯博物馆供图）

年），满都鲁率鄂尔多斯部进入河套地区，八白室也随之被迁入套内。弘治九年（1496年），鄂尔多斯部大量入驻宝日陶亥地区，成吉思汗漠北的奉祀之神和四大鄂尔多也随着鄂尔多斯人逐渐被迁移至该地区，与始建于鄂尔多斯的成吉思汗奉祀之神合并，形成诸多白色宫帐，俗称八白室（宫），至此，成吉思汗陵与相关祭祀活动正式在鄂尔多斯地区落地扎根并获得了繁荣发展。到了1510年前后，随着达延汗对蒙古各部落统一战争的完成，八白室前曾举行过盛大的祭祀成吉思汗的仪式。此后，鄂尔多斯部便由达延汗的孙子衮必里克墨尔根济农统领，驻牧于河套地区，并在这里供奉着八白室。也正是由此时期开始，河套地区才被普遍称为"鄂尔多斯"〔意为有诸多宫殿的地方，来源于成吉思汗宫帐"鄂尔多"（斡尔朵）一词，即指有成吉思汗八白宫等诸多鄂尔多的地方〕（图9-37）。

到清代以后，成吉思汗的后裔鄂尔多斯济农、伊克昭盟首任盟长额璘臣于顺治六年（1649年）将八白室及苏勒德等圣物，从黄河南岸的伊克召迁移至郡王旗，安奉在巴音昌霍格河畔的草地上。从此，这个地方被称为"伊金霍洛"（意为圣主的院落）。清代负责民族事务的理藩院对八白室

图 9-38 成吉思汗祭奠仪式（鄂尔多斯博物馆供图）

图 9-39 成吉思汗查干苏鲁克大祭（鄂尔多斯博物馆供图）

图 9-40 成吉思汗苏勒德祭坛（鄂尔多斯博物馆供图）

的保护与祭祀也有明文规定，清康熙年间《理藩院则例》规定："伊克昭盟境内，有成吉思汗园寝，鄂尔多斯七旗向设有看守园寝、承办祭祀之达尔哈特五百户。此项人户，不得作为该王所属，于该盟内择贤能札萨克一员，专司经理。"透过清政府对八白室的保护以及对守陵的达尔哈特人的重视程度，我们能感受到八白室对蒙古族人民和当时政府的重要性。从此以后，外界便称呼八白室为"成吉思汗陵寝"。[50]

时至今日，成吉思汗陵祭祀仍是鄂尔多斯地区的一项重大活动，更是蒙古民族最为重要的一项祭祀活动。相关祭祀活动也形成了一定之规，根据成吉思汗陵景区的介绍，每年成吉思汗陵祭祀共有大祭四次，祭祀时间分别为农历三月二十一日的"查干苏鲁克"祭，五月十五日的"淖尔"祭，九月十二日的"禁奶"祭，以及十月初三的"皮条"祭。可以发现，成吉思汗陵的这四次大祭分别被选择在一年之中的春、夏、秋、冬四个季节，因而也被称为"四时大祭"。与此同时，成吉思汗祭奠的每月初一、初三和其他一些特殊的日子都有固定的祭祀传统，约30余次，统称为小祭（图9-38、图9-39、图9-40）。此外，每年蒙古贵族和平民来祭拜，通常多达百余次。这些大大小小的祭奠活动，场面隆重盛大、祭祀仪程严格有序，是蒙古族对成吉思汗这位民族的先祖和英雄最高形式的缅怀、最高规格的祭祀，是蒙古帝王祭祀文化的核心。[51]因此，无论是了解蒙元时期内蒙古黄河流域的开发利用，或是了解蒙元时期的历史文化发展情况，成吉思汗与鄂尔多斯的身世之缘都是值得深入考察且是不可忽略的主要内容。

## 注释

[ 1 ] 宝音德力根主编：《内蒙古通史》第三卷《蒙元时期的内蒙古地区》，北京：人民出版社 2011 年版，第 57 页。

[ 2 ] "额尔古纳河"是清代的称法，在此之前的古代史书中的称法有所不同，如《旧唐书》中称之为"望建河"，"望建河"是通古斯语（鄂温克语）的音译称法，意思是"鄂温克江"，《蒙古秘史》中称之为"额尔古涅河"，《元史》中称之为"也里古纳河"，《明史》中称之为"阿鲁那么连"，等等。直到清代以后，它被正式称为"额尔古纳河"。

[ 3 ] 对于蒙古族族源问题的研究：蒙古族族源是蒙古族历史研究中遇到的重要问题之一，早在 13 世纪，一些中外学者对此进行了探讨，并留下了许多相关记载。其后，特别是近百余年来，对于蒙古族族源问题的探讨引起了越来越多学者的关注。学界除了通过单纯的文献资料记载进行考察外，民族学、语言学、人类学、考古学及近代以来的科学技术手段等都被运用到蒙古族族源的研究中，并形成了大量研究成果。综合现有研究成果而言，蒙古族族源主要有以下几种说法：第一，匈奴说；第二，突厥说；第三，吐蕃说；第四，东胡说；其他说法如"蒙汉同源说""东胡、突厥吐蕃混合说""白狄说"等。

[ 4 ] 宝音德力根主编：《内蒙古通史》第三卷《蒙元时期的内蒙古地区》，北京：人民出版社 2011 年版，第 88~90 页。

[ 5 ] 铁木真的父亲是蒙古乞颜部首领也速该，母亲诃额仑出身弘吉剌部，同蔑儿乞人也可·赤列都结亲，但在宋绍兴三十一年（金大定元年，1161 年）秋，铁木真的母亲被也速该根据当时的"抢亲"传统抢来为妻。铁木真出生时，也速该生擒了塔塔儿部首领铁木真兀格，为了庆祝胜利，他便给长子取了"铁木真"之名。铁木真九岁时，其父亲也速该被人毒死。在也速该死后，乞颜部的势力出现了中衰，铁木真母子、兄弟的生活陷入了困境。泰赤乌部的塔里忽台乘机来袭，抓走铁木真。后因泰赤乌部一家属民的积极救助，铁木真脱出罗网。铁木真知道要抵抗泰赤乌的压迫，必须寻求更强大势力的庇护，于是投靠也速该的"安答"——克烈部首领脱里（即后来的王汗），尊之为父，表示臣属。从此他开始积聚力量，收集其父亲也速该时期的旧部众。后来，铁木真的仇敌——蔑儿乞惕部的脱黑脱阿来袭，抢去他的妻子孛儿帖及家人。铁木真请求王汗和蒙古札阑部贵族札木合帮助，共同起兵攻打蔑儿乞人，大获全胜。由于战争的胜利，铁木真的力量逐渐壮大起来，遂脱离札木合，迁到克鲁伦河上游的桑沽儿河（今蒙古国乌兰巴托东南）旁独立建营，从此开启了成吉思汗的成长与建立霸权的历程。成吉思汗也是一位极具争议性的历史人物，古今中外的学者对其做出了不同视角的历史评价。

[ 6 ] 丘处机（1148 年—1227 年），字通密，道号长春子，山东登州栖霞人，曾以 74 岁高龄行程 35000 里而远赴西域，劝说成吉思汗止杀爱民而闻名世界。1227 年（正大四年），

丘处机在 80 岁时于长春宫宝玄堂逝世。元世祖在位时，追尊其为"长春演道主教真人"。百姓为纪念"丘神仙"的无量功德，遂定其生辰正月十九为燕九节，岁岁庆祝，并成为京津地区的著名风俗之一。

［7］（明）宋濂：《元史》卷一《太祖本纪》，北京：中华书局 1976 年版，第 13 页。

［8］（明）宋濂：《元史》卷一《太祖本纪》，北京：中华书局 1976 年版，第 14 页。

［9］（明）宋濂：《元史》卷一《太祖本纪》，北京：中华书局 1976 年版，第 14 页。

［10］由于成吉思汗担心自己去世后，西夏政权反悔而不投降，所以下令去世之后秘不发丧，直待西夏国主出城投降将其杀死之后，杜绝西夏政权反抗。

［11］成吉思汗葬身地的具体位置，至今没有确定，学界根据历史文献记载与相关考古发现推测，其葬身地位置大致有四种说法：一、位于蒙古国境内的肯特山南、克鲁伦河以北的地方；二、位于内蒙古鄂尔多斯市鄂托克旗境内；三、位于新疆北部阿勒泰山；四、位于宁夏境内的六盘山。但上述四种说法至今没有被证实究竟哪一种是正确的。

［12］陈娇：《元明时期鄂尔多斯高原民族地理研究》，西安：陕西师范大学 2016 年硕士论文，第 11 页。

［13］蒙元时期：蒙元王朝是蒙古族建立的多民族封建政权，"蒙"是指成吉思汗建立的大蒙古国，"元"是指忽必烈建立的元朝，时间从成吉思汗建国漠北至元顺帝退出中原，即 1206 年—1368 年。这一时期对中国古代社会生活、民族融合、东西方文化交流及统一多民族国家的形成等都具有深远影响。( 参见张红星，李春雷：《内蒙古蒙元考古综述》，《草原文物》2019 年第 1 期，第 32~34 页。)

［14］宝音德力根主编：《内蒙古通史》第三卷《蒙元时期的内蒙古地区》，北京：人民出版社 2011 年版，第 107 页。

［15］张久和：《室韦的经济和社会状况》，《内蒙古社会科学（汉文版）》1998 年第 1 期，第 48~51 页。

［16］余大钧译注：《蒙古秘史》，呼和浩特：内蒙古大学出版社 2014 年版，第 13 页。

［17］厚和、高晓明：《〈蒙古秘史〉中的蒙古族经济关系及经济形态初探》，载内蒙古自治区蒙古族经济史研究组编：《蒙古族经济发展史研究》（第一集），1987 年版，内部刊行，第 11 页。

［18］瞿大风：《元朝时期的山西地区——政治·军事·经济篇》，沈阳：辽宁民族出版社 2005 年版，第 267 页。

［19］（明）宋濂等：《元史》卷一百零一《兵四·鹰房捕猎》，北京：中华书局 1976 年版，第 2600 页。

［20］（明）宋濂等：《元史》卷一百《兵三·马政》，北京：中华书局 1976 年版，第 2553 页。

［21］（明）宋濂等：《元史》卷一百《兵三·马政》，北京：中华书局 1976 年版，第 2554~2555 页。

［22］孟广耀：《蒙古民族通史》（第一卷），呼和浩特：内蒙古大学出版社 2002 年版，第

68~69 页。

［23］宋迺工主编：《中国人口·内蒙古分册》，北京：中国财政经济出版社 1987 年版，第 43 页。

［24］张红星、李春雷：《内蒙古蒙元考古综述》，《草原文物》2019 年第 1 期，第 32~34 页。

［25］张红星、李春雷：《内蒙古蒙元考古综述》，《草原文物》2019 年第 1 期，第 32~34 页。

［26］［日］杉山正明：《游牧民的世界史》，黄美蓉译，北京：中华工商联合出版社 2016 年版，第 13 页。

［27］张红星、李春雷：《内蒙古蒙元考古综述》，《草原文物》2019 年第 1 期，第 32~34 页。

［28］杨道尔吉：《阿尔寨石窟文化的瑰宝》，《鄂尔多斯学研究》2002 年第 2 期，第 113~121 页。

［29］孟广耀：《蒙古民族通史》（第一卷），呼和浩特：内蒙古大学出版社 2002 年版，第 85~87 页。

［30］陈娇：《元明时期鄂尔多斯高原民族地理研究》，西安：陕西师范大学 2016 年硕士论文，第 7 页。

［31］丰州：元代的丰州滩即今呼和浩特地区，丰州属元朝的西京路。至元二十五年（1288 年），改西京路为大同路。至元二十九年（1292 年），元世祖诏令各万户府，摘大同、隆兴、太原、平原等处 4000 名军人，在燕只哥赤斤及红城周围屯田，开荒 2000 余顷。红城故址在今和林格尔县小红城古城，燕只哥赤斤是木怜道从上都到丰州中的一站，可能在卓资县境内（参见宝音德力根主编：《内蒙古通史》第三卷《蒙元时期的内蒙古地区》，北京：人民出版社 2011 年版，第 261~262 页）。

［32］宝音德力根主编：《内蒙古通史》第三卷《蒙元时期的内蒙古地区》，北京：人民出版社 2011 年版，第 254 页。

［33］（元）胡祇遹：《紫山大全集》卷十一《清慎堂记》，台北：台湾商务印书馆 1986 年版。

［34］瞿大风：《元朝时期的山西地区——政治·军事·经济篇》，沈阳：辽宁民族出版社 2005 年版，第 65~67 页。

［35］（清）张廷玉等：《明史》卷一百二十六《汤和传》，北京：中华书局 1974 年版，第 3753 页。

［36］吴宏岐：《元代北方汉地农牧经济的地域特征》，《中国农业历史地理论丛》1989 年第 3 期，第 89~109 页。

［37］陈广恩：《试论元代开发黄河》，《江苏社会科学》2004 年第 5 期，第 232~236 页。

［38］杜晓勤：《"草原丝绸之路"兴盛的历史过程考述》，《西南民族大学学报（人文社会科学版）》2017 年第 12 期，第 1~7 页。

［39］黄时鉴：《希罗多德笔下欧亚草原居民与草原之路的开辟》，载黄时鉴编：《东西交流史论稿》，上海：上海古籍出版社 1998 年版，第 10 页。

［40］宝音德力根主编：《内蒙古通史》第三卷《蒙元时期的内蒙古地区》，北京：人民出版社 2011 年版，第 285~286 页。

［41］［苏联］乌拉吉米索夫：《蒙古社会制度史》，瑞永译，蒙古文化馆1939年版，第241页。

［42］孟广耀：《蒙古民族通史》（第一卷），呼和浩特：内蒙古大学出版社2002年版，第94页。

［43］周良霄：《元代旅华的西方人——兼答马可波罗到过中国吗？》，《历史研究》2001年第3期，第91~100、190~191页。

［44］王大方：《论草原丝绸之路》，《前沿》2005年第9期，第14~17页。

［45］对于草原丝绸之路传输的商品，根据王大方的介绍，蒙元时期草原丝绸之路传输的商品，除了丝绸、瓷器、珠宝金银之外，另一种主要的贸易商品，据说是皮毛等畜产品，这也是草原丝绸之路相比于其他线路贸易商品的一个重要特点（参见王大方：《论草原丝绸之路》，《前沿》2005年第9期，第14~17页）。

［46］宝音德力根主编：《内蒙古通史》第三卷《蒙元时期的内蒙古地区》，北京：人民出版社2011年版，第288~289页。

［47］杨道尔吉：《阿尔寨石窟文化的瑰宝》，《鄂尔多斯学研究》2002年第2期，第113~121页。

［48］"成吉思汗与鄂尔多斯的身世之缘"之提法借鉴杨勇在《八百年不熄的神灯——祭祀成吉思汗的鄂尔多斯蒙古族历史文化》（呼和浩特：内蒙古大学出版社2015年版，概述，第3页）中提出的，本文在此直接用此提法，并在杨勇论述的基础上，对成吉思汗与鄂尔多斯之间的情节进行叙述。

［49］鄂尔多斯博物馆主编：《八百年不熄的神灯——祭祀成吉思汗的鄂尔多斯蒙古族历史文化》，呼和浩特：内蒙古大学出版社2015年版，杨勇"概述"，第3~4页。

［50］有关"成吉思汗陵"迁入鄂尔多斯及在明、清两代的变迁叙述，参见了百度词条"成吉思汗陵"（今鄂尔多斯市"成吉思汗陵"旅游区公布的网站信息）的相关内容，为了配合本书的行文表述风格，对此内容做了一定删减与补充修订。

［51］参见搜狐网"成吉思汗八百年祭祀"，网址：https://www.sohu.com/a/259789791_99902221。

# 第十章

## 明蒙的对峙：明蒙政权在内蒙古黄河流域的碰撞交融

明代长城（甄自明摄影）

# 第十章图表索引

元朝末年，朝廷腐败、横征暴敛、苛捐杂税名目繁多，赋税种类比元朝建立初期增加了20多倍，民不聊生。此外，终元一代，大批蒙古贵族抢占土地，导致流民四散，社会矛盾随之严重激化。与此同时，元朝政府还推行民族对立的四等人制，将治域内人民分为四等，作为统治民族的蒙古人被列为第一等级，其次则是根据所征服地区民族的时序，依次分为色目人、汉人、南人三个等级，此四等人制的确定导致民族之间矛盾尖锐。到了元顺帝时，腐败现象与社会矛盾都到达了极点，加之此时期灾荒不断，元朝的统治逐渐走向了崩溃，出现了轰轰烈烈的元末农民大起义——红巾军起义。这场起义虽然最终以失败告终，但给元朝统治以沉重打击，已经从根本上削弱了蒙元王朝的统治根基，为明王朝最终消灭蒙元政权的统治奠定了基础。

红巾军起义是韩山童、刘福通、徐寿辉等领导的元末农民大起义，正当红巾军起义爆发时，朱元璋在农民起义中开始独树一帜，并继承了病逝的起义军领袖郭子兴的地位，不断扩充并发展起自己的势力，最终摧毁了元朝的统治。朱元璋出身贫寒，经历坎坷，其早年参加了濠州郭子兴领导的红巾起义军，在此过程中，逐渐崭露头角，并展示出卓越的领导才能。由于朱元璋纪律严明、知人善任，其所属军队日渐壮大且实际控制区域不断扩大，很快就成为起义军中的一股强大力量。自此之后，朱元璋又用了将近20年的时间，不断增强自身实力的同时，又陆续消灭了其他几个农民军（即陈汉、明夏、韩宋、东吴等），正式建立起了明朝统治。与此同时，朱元璋又击溃了元朝的残余势力（北元），完成了统一中国的大业，同时也宣告了轰轰烈烈的元末农民起义的结束。至此，中国再一次被汉族建立的中原王朝所统治。

明朝建立以后，蒙古族向北退回蒙古草原后形成了与明朝对峙的北元政权（1368年—1635年）。终明之世，北元政权始终都是威胁明王朝北部边疆安全的重要势力，双方之间的对立冲突时有发生，因而明朝也将防范蒙古南下侵扰视为保卫边疆安稳的重要内容，并大筑长城及推行派兵戍边、烧荒等边疆保卫措施。北元政权控制之下的疆域极为广阔，长期控制着内外蒙古，势力所及范围包括长城以北、东至女真、西抵哈密以及哈密以西的裕勒都斯河流域、北到叶尼塞河的广袤地区。北元时期不仅是蒙古民族发展史上的一个重要环节，也是中国北方草原政治、经济、文化发展的一个重要时期。内蒙古黄河流域也被纳入其统治区域内，成为北元政权与明王朝碰撞与交往的核心区域之一。

# 一、明蒙之间的关系变化

随着元朝的衰落，中国再一次被以农业为主的汉民族所建立的政权实际统治，退回漠北的蒙古族也难以统一为一个强盛的部落。明朝初建之时，北方的北元势力主要是元顺帝占据的漠南与漠北，此外，关中的元将扩廓帖木儿（王保保）驻守甘肃定西，元朝的部分势力还分布在东北及云南等地区，相互之间难以配合作战，从而削弱了整体实力。因而北元政权在同中原王朝对抗的过程中明显处于弱势，不仅无法固守疆土，也不能阻止中原王朝对其统治区域的渗透及实际控制区域的不断向北及西北地区退缩。中原王朝对蒙古草原实际控制的不断深入——尤其是对长城一线的直接控制，也对相邻游牧地区社会生产及生活等方面产生了潜移默化的影响。就其对长城两侧农牧社会经济发展的影响而言，直接导致当地游牧经济的衰落，促使农业生产在长城一线开始普遍出现。这一变化在明代开始出现，但是影响区域较小，影响程度也很有限，除长城沿线及长城以北的土默特川平原[1]等局部地区出现了带有较为显著农业社会特征的社会形态外，蒙古草原的其他地域仍为典型的游牧区，因而游牧经济及其影响出现的游牧社会生产与生活形态依旧是明代北方草原上的主要状态（图10-1）。

## （一）明蒙之间的对立局势

明洪武元年（1368年），明军攻占了元大都，元朝残余力量仓惶北遁，退守漠北，继续使用"大元"的国号，史称"北元"。北退的元顺帝又重新组建起北元政权，与明朝相对抗。与此同时，北元政权在东北和西北地区依然驻扎着大量的蒙古骑兵，继续威胁着建国伊始的明王朝的边疆

图10-1　鄂托克前旗芒哈图明长城高峻墙体
（鄂尔多斯博物馆供图，甄自明摄影）

安稳。至洪武二年（1369年），明朝
派遣主力部队攻打驻扎在陕西的李思
齐部，吹响了对盘踞在西北地区北元
军队的扫荡号角，全面北伐由此开
始。北元方面并不认输，仍然做着困
兽之斗。随着明军在北部边疆军事上
的连连胜利，北元近边军队纷纷走上
了归降的道路，明朝则开始展开对边
疆地带的治理与对北元残存势力的防
御。尤其是东胜卫设置以后，明朝的
边疆局势已经相当稳固，扫荡蒙古残
余，建立大一统帝国的宏大计划也被
提上了日程。[2]因此，驱除北元势力
在边地的威胁，也为明朝国家的建立及
国家初立时的恢复和发展提供了必要的
稳定社会环境（图10-2）。

明朝建立之后，退居漠北的蒙古余部继续组建新的"北元"政权，继续与明朝对峙，且蒙古诸部时常南下侵扰，双方之间对立冲突时有发生。刘景纯依据《明实录》、《明通鉴》及翦伯赞《中外历史年表》等资料统计指出：自1426年—1619年的194年，蒙古诸部侵扰九边多达359次，平均1.9次/年（参见表10-1）。又以1536年—1565年间的侵扰频率为最高，年均侵扰次数多在4次及以上。其中，万人以上规模的侵扰有数十次之多（分别为：春季14次、夏季10次、秋季27次、冬季18次），蒙古诸部南下侵扰时间选择的基本规律是秋季第一，春季第二，冬季第三，夏季第四；万人以上规模侵扰的时间分布规律是秋季第一，冬季第二，春季第三，夏季第四。[3]

图 10-2　鄂托克前旗明长城保护碑（甄自明摄影）

表10-1　1426年—1619年蒙古诸部落侵扰九边的主要活动10年分布统计表

| 公元纪年 | 年号纪年 | 次数 | 频次（次/年） |
|---|---|---|---|
| 1426—1435 | 宣德元年—十年 | 6 | 0.6 |
| 1436—1445 | 正统元年—十年 | 6 | 0.6 |
| 1446—1455 | 正统十一年—景泰六年 | 11 | 1.1 |
| 1456—1465 | 景泰七年—成化元年 | 21 | 2.1 |
| 1466—1475 | 成化二年—十一年 | 26 | 2.6 |
| 1476—1485 | 成化十二年—二十一年 | 10 | 1.0 |
| 1486—1495 | 成化二十二年—弘治八年 | 9 | 0.9 |
| 1496—1505 | 弘治九年—十八年 | 25 | 2.5 |
| 1506—1515 | 正德元年—十年 | 18 | 1.8 |
| 1516—1525 | 正德十一年—嘉靖四年 | 13 | 1.3 |
| 1526—1535 | 嘉靖五年—十四年 | 18 | 1.8 |
| 1536—1545 | 嘉靖十五年—二十四年 | 34 | 3.4 |
| 1546—1555 | 嘉靖二十五年—三十四年 | 40 | 4 |
| 1556—1565 | 嘉靖三十五年—四十四年 | 44 | 4.4 |
| 1566—1575 | 嘉靖四十五年—万历三年 | 25 | 2.5 |
| 1576—1585 | 万历四年—十三年 | 14 | 1.4 |
| 1586—1595 | 万历十四年—二十三年 | 15 | 1.5 |
| 1596—1605 | 万历二十四年—三十三年 | 9 | 0.9 |
| 1606—1615 | 万历三十四年—四十三年 | 10 | 1.0 |
| 1616—1619 | 万历四十四年—四十七年 | 5 | 1.7 |
| 1426—1619 | 共计194年 | 359 | 1.9 |

（资料来源：刘景纯：《明代九边史地研究》，北京：中华书局2014年版，第30页。本表格根据原书表格改绘制成。）

由表10-1所统计数据可以发现，终明之世的二百余年里，明蒙之间虽有相对和平的政治、经济及文化等方面的交往，但双方的对立与冲突始终存在，尤其是以蒙古族南下侵扰明王朝边境最为常见。因此，有明一代，明蒙之间多处于对立冲突的敌对状态，军事冲突也时有发生，极大地阻碍了明蒙之间（或者说是蒙、汉民族之间）的交流互动。但由于蒙古地区

图 10-3　封贡互市明蒙商贸文化街（鄂尔多斯博物馆供图）

游牧社会自身所能生产的物资有限，难以满足元代以来与中原地区接触后的蒙古族社会生活需求的日益多样性，因而需要通过与中原地区进行贸易换取或通过武力掠夺生产及生活所需物资，尤其是当双方之间的正常贸易受阻时，蒙古族便时常诉诸武力以迫使明王朝重新开放边境贸易（图10-3）。

美国学者巴菲尔德对蒙古诸部时常南下侵扰的原因进行分析指出："在明代，确实出现了这样的帝国（草原帝国），它最初由卫拉特人所领导，之后则由东蒙古所统领，但是这种帝国并不稳固，因为直到16世纪中叶，游牧民族仍然无法与中原进行定期贸易并获取奉供。因为蒙古人入侵的记忆依旧历历在目，明朝遂无视汉朝与唐朝的先例，转而采取了一种不交往政策，惧怕游牧民族取而代之。作为报复，游牧民族经常扰边，使明朝较之其他中原王朝受到了更多的攻击。"[4] 由巴菲尔德的分析可见，明蒙之间的对立冲突形势极为严峻，又由于明代蒙古余部的力量依旧强大，成为明朝北部边疆的重要威胁力量，因而整个明代都将防御蒙古诸部南下侵扰作为军事部署的重点（图10-4）。

图 10-4-1 铁炮

图 10-4 明代铁炮、铜火铳（1图由鄂尔多斯博物馆供图；2图由准格尔旗博物馆供图，史明亮摄影）

图 10-4-2 铜火铳

图10-5 东胜右卫古城墙及夯土层（甄自明摄影）

由表10-1所统计数据还可以发现，明代北部边疆因时常受到蒙古诸部的南下侵扰而影响到国家的安定统一，如何保证北部边疆的和平稳定成为明王朝国家治理尤其是维护边疆安定的重要工作。考察发现，在明王朝的具体防御举措中，主要是在北方修筑长城[5]并设立九边重镇以阻挡蒙古诸部的南下侵扰，如《明史》所载：明朝成立后，"天下既定，度要害地，系一郡者设所，连郡者设卫。大率五千六百人为卫，千一百二十人为千户所，百十有二人为百户所"[6]。可见，明代不仅在沿边长城一带设置

了九个重镇，且在九边地区根据战略地位的重要性而设治卫所并部署了几十万军队以防御蒙古诸部的南下侵扰（图10-5）。

需要注意到，在明代，河套地区的边墙有两道，分别为大边墙和二边墙。根据韩昭庆的考察，二边墙之间的距离随地段不同而有所差异，相距10里到30里不等。从目前现存长城位于各堡之北的位置分析，现存长城应为文贵修筑的大边，不过由于历史文献中对文贵所修长城的记载欠详，已很难弄清当时的情况。据今人的考察，长城的高度保存完好的地段约6

［图10-6］鄂托克前旗明长城二道边（左）与头道边（右）（鄂尔多斯博物馆提供，甄自明摄影）

图 10-7　杀虎口（翟禹供图）

米，比明代弘治年间文贵所筑的一丈（约3米）高度增加了一倍。由于清代弃长城不用，除个别地段外，对长城并不做大的修补，那么增筑长城的时间当在明代。[7] 由此可见，修筑长城无疑是明代防范北方草原上蒙古族诸部落的重要手段（图10-6）。

与此同时，明朝也通过"烧荒"等方式主动防御蒙古诸部的南下侵扰，顾炎武对此也指出："翰林院编修徐程，亦请每年九月尽敕坐营将官巡边，分为三路：一出宣府抵赤城、独石，一出大同抵万全，一出山海抵辽东。各出塞三五百里，烧荒哨瞭。如遇边寇出没，即相机剿杀。此先朝烧荒旧制，诚守边之良法也。"[8] 根据明朝的规定，烧荒，"临边三百里，务将鞑贼出入去处的野草焚烧绝尽，马不得往南放牧"[9]。因此，明代在蒙汉接触地带烧荒对这一地区游牧生产及生活活动的开展也造成了极为严重的破坏性影响，缩小了明代游牧经济在蒙古草原南缘的分布范围与影响人群（图10-7）。

考察发现，在明朝政治清明、执政者比较重视边防的情况下，烧荒范围往往达到几百里甚至更广，在朝政比较腐败、混乱的时候，烧荒范围也达上百里，至少也有五六十里。[10] 黄仁宇对明代烧荒评价道："明朝人之所谓'烧荒'，将游牧民族的生计全面破坏，也不免读之心悸。"[11] 由此可见，终明一代明蒙之间大多时期都处于严峻的对抗态势。对于明代烧荒，王琼在《北虏事迹》中曾记载道：弘治十四年（1501年）十月，"奉敕本边官军出境烧荒。琼恐所在主兵寡少，深入失利，行令调到延绥、固原兵马防护出境。东自定边营起，西至横城堡止，东西三百余里，俱于十月初九日一齐出境。不但焚烧野草，因以大振军威"[12]。可见，烧荒已成为明朝对抗蒙古民族的一项重要军事手段，但这一举措无疑是对明蒙双方都造成了巨大损失（图10-8）。

此外，蒙地烧荒所及面积也是越大越好，因为大面积烧荒可以导致蒙汉接触地带各关口和城堡周围（主要是北侧蒙古族势力影响区域）出现大

范围无草地带的隔离区，在此区域内，蒙古骑兵的战马无以为食，蒙古族怕水草供应不上便不敢轻易南下侵扰，这样的空旷区域也使蒙古骑兵因缺少草木等自然物而难以隐匿行踪，驻边明军便可轻易发现蒙古势力南下而提前做好防护。因此，在明代疆域范围内，东起辽东，西到嘉峪关，长达几千公里的边境范围内，终明一朝的明蒙对峙都始终存在，除个别时期外，几乎是年年烧荒，且烧荒面积也都在几百里左右。

前文已指出，虽然明朝采取了以"茶马贸易"为代表的商业交往方式来安抚蒙古诸部，但无法杜绝侵扰，

图10-8-1　美岱召泰和门石匾额（大明金国丙午年）　　图10-8-2　阿拉坦汗壁画

图10-8　明朝时期北元文物及阿拉坦汗壁画（呼和浩特博物馆供图）

图 10-9　明代牵马俑（鄂尔多斯博物馆供图）

明朝时的蒙古族始终依托武力南下侵扰中原地区，掠夺所需物资。根据前文所述可知，明代蒙古族南下入侵边境或中原农耕区掠夺物资也与其自身游牧经济具有极大的不稳定性有关。马克思指出：生产方式决定着生活方式，物质生活的生产方式制约着整个社会生活、政治生活和精神生活的过程。[13]这段论述表明游牧民族的游牧经济决定了农业在其社会中难以存在。因而在明朝统治的二百多年里，东西蒙古地区都是以游牧经济为基础。游牧社会中，牲畜是蒙古族的主要财富，是维持蒙古族生存的根本所在，

同时也是蒙古贵族维系其统治的经济基础（图10-9）。

正是明朝时蒙古族对北方草原的长期占据，且明蒙之间在此时期对立冲突较为普遍，才为游牧经济的恢复发展提供了条件，进而导致草原上农业生产的逐渐衰落。对于明代北元政权控制下草原农业生产的普遍衰落，有学者分析指出：在明代统治前期的一百多年中，蒙古地区农业绝迹，农牧交换中断，城市荒废，经济又退回到原始粗放的畜牧业阶段。[14]这段论述虽然过于绝对，但是明代中前期蒙古草原上的农业萎缩、畜牧业恢复发展是

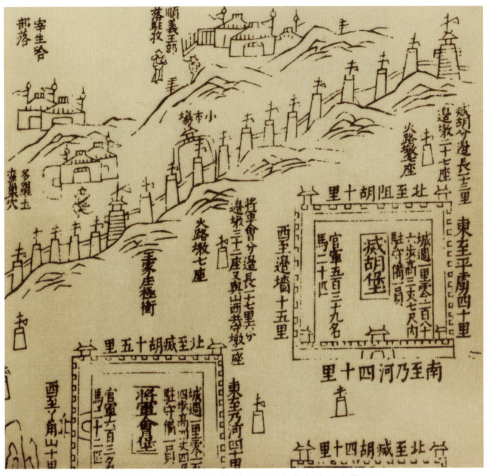

图10-10　阿拉坦汗驻牧示意图（内蒙古博物院供图）

无可争议的事实，那么生存于北方草原上的蒙古族对农产品有需求，就需要同中原农耕区进行交换、或以武力抢夺，由此也印证了明蒙之间的相互交流或对立冲突（图10-10）。

## （二）明朝驭治蒙古的经济手段

在武力抵抗或防御蒙古诸部南下

侵扰的同时，明王朝也通过相对温和的经济手段驭治蒙古诸部，"茶马贸易"便是其经济手段之一种，白振声对"茶马互市"定义为："茶马互市主要是指我国北部与西部从事畜牧业经济的少数民族，用马匹等牲畜及畜产品与内地换取茶叶、布帛、铁器等生产、生活必需品的比较集中的大规模集市性贸易活动。它开始于唐

图10-11　俺答封贡（内蒙古博物院供图）

代，盛行于两宋、明、清，长达千余年。"[15]　"茶马贸易"是以西北游牧民族生活所需的茶叶作为经济武器，通过垄断茶马市场、"以茶赏番"等手段，达到"俾仰给于我，而不能叛"的政治目的，成为"制西番以控北虏之上策"，在民族史上具有较大的影响。[16]因此，梳理历史文献可以发现，茶马贸易自唐宋以来就是中原王朝处理北部和西部游牧民族的重要方略，且一直至明清时期都是重要的御边策略（图10-11）。

就明代的蒙古族而言，蒙汉之间经济交往的存在也源于游牧民族自身经济的不稳定性。游动是游牧民族的基本生存状态，因而明代蒙古草原上的蒙古族始终是处于"无定居，无定名；骋强力相雄长亦无定长；弓骑剽掠为生业，亦无定业；狼心野性，故亦无定性。是故类族以领之，居方以别之"[17]的生存状态。

在游牧生产与生活活动中，移动

是其最基本的特征，游牧民族始终过着"逐水草而居之"的生活，在草原上很难寻觅其长期居住过的踪迹，明人杨荣在《北征记》中也记述道："臣等已至答兰纳木儿河，弥望惟荒尘野草，虏只影不见。车辙马迹亦多漫灭，疑其遁已久。"[18]可见，明代游牧经济在蒙古草原上的分布范围仍是较为广泛的，这也影响到内蒙古黄河流域人类社会对农耕或游牧的不同经济生活方式的选择。因此，历史上，包括蒙古族在内的蒙古草原诸游牧民族时常出现东移与南下，这些都是由游牧经济的不稳定性所导致的（图10-12）。

此外，蒙古人的经济生产品非常缺乏，"所生产的惟不过单纯的游牧经济上需要的东西"[19]，这也导致蒙古族时常南下入侵中原汉地交换或抢掠生存所需物资。明人王琼对此指出："胡人以畜牧为生，骑射为业，侵暴边境，出没无常，大举深入，动至数万。历代以来屯兵戍守，寡则艰于应敌，多则困于转输。"[20]具体如隆庆四年（1570年）八月，"塞外久旱无草，宜入威、平掠秋田为食"[21]。可见，每当草原上出现灾异，尤其是因灾害发生而导致畜牧业生产难以维系时，蒙古族在无以为食的情况下，便选择南下进入农

图 10-12　黄河左岸明代边墙及隘口（准格尔旗"三普"资料，李三摄影）

图10-13　明代骑马俑（鄂尔多斯博物馆供图）

耕区掠夺或通过交易获取生存所需物资，这成为其维持生计的重要手段，也是明蒙之间出现战争冲突的直接诱因（图10-13）。

为了防范蒙古诸部的南下侵扰，明廷便采取茶马贸易之策略，也是为了达到"帝绸缪边防，用茶易马，固番人心，且以强中国"[22]的目的。因而在明朝建立之初，便下令"散处降夷各分部落，随所指拨地方，安置而授之长，以马为科差，以茶为酬答"[23]。具体如洪武三十年（1397年），朱元璋在敕右军都督府的敕文中指出："古者帝王驭世，必严夷夏

图10-14　北元与明朝贸易的互市图（内蒙古博物院供图）

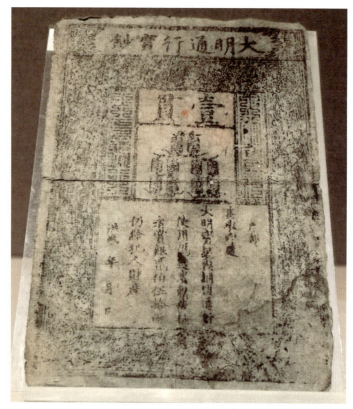

图 10-15　明朝发行的"大明通行宝钞"（内蒙古博物院供图，高兴超摄影）

图 10-16　明蒙互市的场所马市堡（内蒙古博物院供图）

之辨者。盖以戎狄之人，贪而无厌，苟不制之，则必侵侮，而为边患矣。今朵甘、乌思藏、长河西一带西番，自昔以马入中国易茶，所谓懋迁有无者也。迩因私茶出境，马之入互市者少，于是彼马日贵，中国之茶日贱，而彼玩侮之心渐生矣。"[24]对于明初茶马贸易之价格规定，如洪武二十二年（1389年）之规定，上等马每匹可换茶120斤、中等马每匹可换茶70斤、下等马每匹可换茶50斤。[25]可以发现，朱元璋在明朝建立之初便将茶马贸易视为巩固国家统治与维护边疆稳定的重要手段（图10-14）。

在明代，茶马贸易制度较之历史时期而言更加完备，如《明史》载："故唐、宋以来，行以茶易马法，用

制羌戎，而明制尤密。"[26]为了经营和管理以茶易马的事务，明廷制定了一套体系完备的茶马贸易制度。甚至为了保证国家有充足的茶叶供给，明政府也通过控制民间存茶数量以维持边疆茶马贸易，即"洪武初例，民间蓄茶不得过一月之用"[27]。到了嘉靖时期，茶马贸易受政局变动的影响而有所波动，为了整顿茶马贸易，大臣杨一清说道："所谓以摘山之利，而易充厩之良。戎人得茶，不能为我害，中国得马，足以为我利。计之得者，宜无出此（图10-15）。"[28]

到了明朝后期，虽然出现了严重的政局混乱及统治危机，但蒙汉接触边地的茶马贸易仍旧存在且繁盛，如在大同得胜堡等边地城堡开设马市，每年定期开市一两次，明朝派兵管理，被称为官市。同时民间贸易也有发展，被称为私市。无论是在官市还是私市，茶叶都是双方互市贸易中的一类重要商品。虽然茶叶来源困难，但蒙古统治者仍习惯于饮茶，对茶马贸易的垄断也成为明朝控制蒙古的手段。[29]可以发现，由于蒙古族社会对茶叶的巨大消费需求，即便是明末统治危机频繁出现，明蒙之间的茶马贸易仍旧广泛存在（图10-16）。

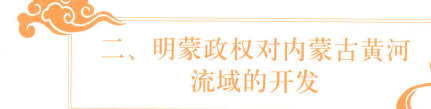

## 二、明蒙政权对内蒙古黄河流域的开发

明朝建立之初，北元政权在蒙古草原上对明朝的北伐仍旧负隅顽抗，并不甘心就此承认失败，他们对明朝一直都是虎视眈眈，企图再度南下占领中原，恢复元朝的统治。在此时期内，部分蒙古将领带领麾下的铁骑也一直活动在蒙汉接触的长城近边地区，伺机对明朝进行反扑，恢复昔日大元帝国的辉煌。但北元政权在同明朝初建时期的明军作战过程中，屡屡遭受挫折与失败，加之在中原汉族文化区域内生活多年，蒙古人已经习惯了中原地区的生活方式，故边境地区的许多蒙古族将领纷纷投降了明朝。明朝也充分重视这部分归降的蒙古部落，妥善安置他们的生产与生活。考虑到蒙古部落逐水草而居的畜牧生产与生活的特点，明朝在蒙古人归降的地方依军事位置之重要与否，且便于放牧的边境地区设立了大量卫所。当时自河套或附近归降的蒙古部落已经

达到了相当数量，明朝将这些部落组织起来，又在历来为兵家必争之地的东胜地区设立了东胜卫。[30] 由此可见，内蒙古黄河流域在此时期成为明蒙之间相互碰撞与交流的重要区域。正是明朝对北元政权归降部落的如此安置，推动了内蒙古黄河流域在明代的开发建设（图10-17）。

### （一）明朝初期北元政权对河套地区的争夺

随着元朝的覆灭及蒙古族由中原北退至漠北，蒙古草原南缘及周边地区的那些在元代被划为牧场或成为游牧区的土地再度被农业人口占据并成为耕地，游牧经济的影响范围逐渐缩小。加上蒙古族在入主中原之后，与汉族交流过程中也一定程度上淡化了对游牧经济的单纯依赖，且逐渐习惯了中原农耕社会中丰富多样的物质生

图 10-17　黄河沿岸东胜卫所（东胜右卫：托克托县东沙岗古城）（内蒙古博物院供图）

活享受，这种生活享受在明代北退蒙古草原后仍未改变。因而蒙古族在退居漠北草原之后，开始通过在蒙地发展农业及边境贸易以获取自身生存所需，以作为对游牧经济产出不足的有效补充，这在明代尤其是归化土默特地区（即河套地区）表现得最显著，这一区域在明代出现的土地开垦与板升聚落则是较好的体现（图10-18）。

　　河套地区的生态环境较为优渥、气候条件较好，宜农宜牧，虽然明朝设立东胜卫之后，暂时将河套地区置于明朝的有效控制下，但蒙古部落从来没有放弃过对此地的争夺，甚至诉诸战争。根据张小永的梳理，在河套地区，明蒙双方之间展开了多次政治及军事较量，东胜卫的多次置废就充分反映了这一点。如永乐年间，明朝将东胜卫迁于腹里地区，使得东胜卫控制下的河套地区的屏障荡然无存。此外，蒙古部落也逐步控制了东胜周边地区，正式在河套周边地区活动，

图 10-18　明代三彩侍俑（鄂尔多斯博物馆供图）

逐渐开始了向河套地区渗透的历程（图10-19）。根据张小永的梳理，具体争夺阶段及主要事件为：

首先是活动于辽东地区的兀良哈三卫尾随向西逃窜的阿鲁台，逐渐南移西迁，一度活动于河外的阴山脚下。后，三卫在瓦剌部的授意下住牧于东胜地区，并经常渡河在套内活动，侵扰明边。

天顺年间，孛来将兀良哈三卫势力排挤出河套，开始了北虏在河套地区活动的历史。

成化初，毛里孩、阿罗出、癿加思兰将孛来部排挤出套，相继进入河套，在套内游牧，并时常侵扰明边，此时河套地区战报频传。成化九年（1473年），明朝利用蒙古部落入边抢掠之机，直捣其住牧地，杀掠驻地老弱妇孺无数，烧毁帐幕，并驱赶大量牛羊，这就是著名的红盐池大捷。红盐池大捷使套内蒙古部落大受打击，纷纷出套，此后套内多年未有蒙古部落活动的记录（图10-20）。

至成化十八年（1482年），又出现了蒙古部落入套活动，但明军一直未

图 10-19　黄河右岸的东胜卫所（东胜左卫：准格尔旗十二连城 2 号城址）（杨泽蒙摄影）

图 10-20　明代铁剑（鄂尔多斯博物馆供图）

图 10-21　鄂托克前旗西南侧的明代城堡全景（鄂尔多斯博物馆供图，奥静波摄影）

摸清入套部落的情况。至弘治十三年（1500年），火筛部进入河套，一改之前部落仅将套内作为游牧地的传统，长期住牧，这是蒙古部落在套内住牧的开始。小王子部也于此时进入河套住牧，他与火筛部共同侵扰明边，对明朝延绥边疆造成了极大的威胁。

　　明嘉靖年间，强大起来的俺答、

吉囊两兄弟进入河套地区，屡屡联合进攻明边，明朝遭遇了最严峻的边防形势。但此时亦是明蒙交流融合最有成效之时，明边地大量的汉族居民因各种原因进入草原地区，俺答汗积极招揽安置这部分汉人，在丰州川建立起板升社会，发展农业生产，对推动草原地区农业生产意义重大。进入河

继进入河套地区也是经历了由最初有规律的游牧生活到长期驻牧生活的变化过程，这一过程也是内蒙古黄河流域在明代被蒙古族有序开发建设的重要阶段。

在此时期，虽然蒙古人占据着河套地区，但明王朝也没有放弃对河套的争夺，经历了明朝初期3次复套努力的失败之后才逐渐放弃，一方面反映了当时明蒙军事实力出现重大转变后，明朝欲主动出击的条件已不具备；另一方面也反映了边地将领中大都抱有守策的现实。持守策战略的边防将领也在积极寻求守边策略，边堡及边墙的修筑便是其提出的应对策略。边墙即长城，中国古代许多朝代都修筑过长城，明代为其中之一，且为历朝对长城修筑最勤、修筑历史最长者。若是从洪武二年（1369年）徐达修居庸关开始算起，至万历三年（1575年）戚继光在蓟辽边外修筑墩台，明朝修筑长城的历史约有二百余年，其间有各守边将领的修筑及修缮。明代长城是个浩大的工程，西起嘉峪关，东抵鸭绿江畔，绵延一万余里。为了加强军事防御，明廷将这一万多里长城分属于九个边镇统辖，河套境内的长城归延绥镇统领，故称为延绥镇长城。延绥镇长城的修筑对河套及周边的政治、军事乃至生产影响重大，是明朝中后期对蒙古最主要

套地区的汉族居民数量亦不少，但缺少相关资料的记载，我们不清楚其农业生产状况，但可以肯定这部分汉人或在蒙古人家中服务，或为蒙古人从事放牧工作，同样促进了草原地区生产的发展（图10-21）。[31]

通过梳理可以发现，蒙古各部相

图 10-22　准格尔旗明代竹里台长城、敌台、烽火台（李双摄影）

的防御策略。[32] 这一区域的长城也位于内蒙古黄河流域，因而也可被视为明代对黄河流域的开发建设（图10-22）。

## （二）以农业为手段对内蒙古黄河流域的开发利用

除了对河套地区的争夺以外，明蒙之间的战争冲突也多与双方贸易往

来受阻有关，此在前文中已有叙述。且游牧经济具有较高的脆弱性，极易受到自然要素及人为因素的破坏。受此影响，明代以来的蒙古族开始接受并依赖于农业及与中原地区的商业贸易，尤其是明代以后，元朝时蒙汉之间交流不断加深，以及因战祸和灾荒而逃至蒙地的汉人逐渐增多。在明代，蒙地尤其是内蒙古黄河流域所流经的河套地区的部分区域逐渐遭到垦殖，同时也出现了汉族聚居的村落（图10-23）。

在明代，出现在内蒙古草原上的定居村落被称为"板升"。在内蒙古黄河流域，明嘉靖时期大同出现了两

图10-23　准格尔旗包子塔明代巡检司民居（准格尔旗"三普"资料，兰建芳摄影）

图 10-24　北元大板升城——美岱召（包头博物馆供图）

次兵变，涌入蒙地的汉人逐渐增多，俺答汗也乐于收留汉人为本部落蒙古族服务，在蒙古地区出现了汉族聚集的聚落"板升"。[33] 板升有广义概念和狭义概念。其狭义概念初起的意思是指汉族建造的房屋，同时也指汉族建造的村落。呼日勒沙的解释为："蒙古人称这些汉人聚居的村落为'板升'，为汉语'百姓'的转音，初指汉人，转而指其房屋，后来泛指依附于蒙古贵族的汉族人口及其村落。"[34] 广义而言，"所谓大'板升'就是指城镇而言"（谭其骧主编《中国历史地图集》认为大板升是归化城的前身）。[35] 其实，不管其解释如何分歧，"板升"指的是固定的住所，其与游牧的蒙古包是有着本质的

区别的（图10-24）。[36]

　　"板升"聚落的出现也带动了蒙古草原部分地区农业的发展，最为典型的则是黄河流经的土默特川平原。在明代，土默特川平原就已出现了汉族移民与土地垦种，以及围绕着农业生产而出现的定居聚落"板升"。对此，《万历武功录》也载："先是，吕老祖与其党李自馨、刘四等归俺答，而赵全又率溧恶民赵宗山、穆教清、张永宝、孙天福，及张从库、王道儿者二十八人，悉往从之，互相延引，党众至数千，虏割板升地家焉。自是之后，亡命者窟板升，开云田丰州地万顷，连村数百，驱华人耕田输粟，反资虏用。"[37] 可以发现，明代土默特川平原上的"板升"不仅分布

图 10-25  波罗板升近景（摘自《呼和浩特文化遗产》，文物出版社，2014 年。）

图10-26　北元与明朝边境杂居生活创作画（摘自《草原佛声——蒙古地区黄教第一寺美岱召记》，张海滨摄影。）

较为广泛，且"板升"内居住的人口数量及围绕着"板升"而开垦的农田数量也有较快增长（图10-25）。

终明一代，土默特川平原上的"板升"数量持续增多。尤其是到了明中叶以后，由于中原统治腐朽黑暗，压迫与剥削严重，人民不堪重负而逃亡口外；自然灾害频发且重大自然灾害时有发生，造成的破坏性影响持续加重；等等。上述这些都导致山陕等地人民向口外逃亡，土默特川平原则成为这些移民的重要输入地，这使明中期以来土默特川平原上的移民及"板升"聚落仍持续出现。明代的聚居载体主要是"板升"，据李漪云

统计，"嘉靖末隆庆初，土默特地区村庄林立，千人以上的板升有12个，四百人至千人的板升不少于13个，数户、数十户的板升更多，总计不下三百个板升"[38]。"板升"的出现是明代以来内蒙古草原上出现聚居地的开端。又如《九边图说》载："大边之外即为丰州，地多饶沃。先年虏虽驻牧，每遇草尽则营帐远移，乃今筑城架屋，东西相望，咸称板升，其所群聚者，无非驱掠之民与夫亡命之辈也。"[39]可见，明代土默特川平原业已出现了带有农耕性质的社会形态，或半农半牧式的社会形态（图10-26）。

但值得注意的是，虽然明代就已出现了以农业生产为主的定居聚落"板升"，但明代向包括内蒙古黄河流域在内的整个北方草原的移民及对当地的开垦并不深入，分布范围也并不广阔，农业生产水平也较低，萧大亨在《北虏风俗》中也写道："其耕种惟借天，不借人。春种秋敛，广种薄收，不能胼胝作劳，以倍其入。所谓耕而卤莽，亦卤莽报予者非耶？且也腴田沃壤，千里郁苍，厥草惟夭，厥木惟乔，不似我塞以内，山童川涤，邈焉不毛也。"[40]明代蒙古草原的绝大部分地区的蒙古族始终都是处于"无定居，无定名；骋强力相雄长，亦无定长；弓骑剽掠为生业，亦无定业；狼心野性，故亦无定性。是故类族以领之，居方以别之"[41]的生存状态。因此，游牧经济在明代蒙古草原的更广阔区域内仍是主要的经济生产与生活方式（图10-27）。

图10-27-1 "万历二十九年"铁磬

图10-27-2 三彩床

图10-27 明代文物（1图由准格尔旗博物馆供图，孔群摄影；2图由鄂尔多斯博物馆供图）

明代的土默特川平原上虽然出现了定居于板升聚落的蒙古族，但是他们并没有完全放弃游牧经济而发展农业，但这较以前游牧经济而言有了本质性的改变。诚如曹永年所说：板升在草原地区是半农半牧聚落，表面意义是对游牧经济的补充，但深层意义则是"汉夷"的过程，即汉族与蒙古族血缘的混同。[42]因此，明代在归化土默特地区出现的"板升"聚落表明这一时期内蒙古黄河流域的农业取得了一定发展，是对当地游牧经济的有效补充，同时也使当地社会生产与生活方式发生变迁（图10-28）。

蒙古族的生计是明代以来蒙古草原上游牧经济的典型代表，而此时期也有相当一部分蒙古族人改牧为农或将农牧并存，单纯依靠游牧经济与以游牧生产与生活方式为主的蒙古族人迁徙到了更北、更西地区。这一过程早在明代就已出现，终明一代也未曾断绝。值得注意的是，明代蒙古草原上出现的农业经济及从事农业的人口仅在土默特川平原等局部地区，然而在更广阔的草原腹地上，则仍是以游牧经济为主，农业在这些区域较少看到或尚未出现。此外，明代虽然出现了定居于"板升"聚落的蒙古族，但是他们并没有完全放弃游牧业而选择单纯发展农业。[43]如明清两朝蒙地游牧之人口的数量变化，在明蒙战争

之后，北退回蒙古草原的蒙古族人口数量急剧减少，根据《蒙古源流》的记载：元代蒙古族有40万户左右，明蒙战争之后，先后有6万户蒙古人回到了蒙古草原上。[44]曹树基则通过对明蒙之间战争的军士数量分析指出：直到洪武二十年（1387年），在今日内蒙古北部及蒙古国南部，北元政府

图10-28　藏传佛教五当召全景（包头博物馆供图）

的军队和所挟持的部众至少有40万人（图10-29）。[45]

　　因此，北元最初退守蒙古草原时只有6万户左右，合计最多时的人口数量也只在30万人左右，那么多余的人口则是元朝北退时携带北上的蒙古人。但是经过明朝军队屡次北伐的打击，在洪武二十四年（1391年）前后，这一

地区大约还有北元蒙古10万~20万的残余部众，这是北元政权控制下的蒙古草原上的蒙古族人口数量。再如东北兀良哈三卫，即分布在大兴安岭以东地区的东蒙古，洪武年间的兀良哈三卫兵力最多不超过3万，人口最多不会超过5万。在分析了众多前人有关蒙古族人口数量的基础上，我们认为当时

图10-29 当今草原内陆农牧经济面貌（高兴超摄影）

内蒙古草原上的蒙古人尚不足50万。曹树基亦指出：洪武二十四年（1391年）时，草原上的蒙古人口约为36万是较为合适的数字。[46]此外，这一时期蒙古草原上蒙古族人口的出生率与增长率也是较低的，曹树基援引万历

四十七年（1619年）时内蒙古地区的人口数据分析认为：从洪武二十六年（1393年）开始，蒙古族人口的平均增长率只有1.5‰左右，增长率是较低的（图10-30）。[47]

由以上相关介绍与明代蒙古族人

口统计数据可知，明代内蒙古地区从事农业的人口数量逐渐增加，这些人口中，除迁入本地的汉族农业人口外，蒙古族也逐渐汉化，不仅将农业人口及农业经济纳入蒙古社会之中，蒙古族自身也逐渐带有典型的农民特征，这也体现出此时期蒙汉民族之间的交流融合。明隆庆万历年间内蒙古地区的人口数量及民族构成情况，参见表10-2。

图 10-30　鄂尔多斯北部荒漠化地貌（徐磊摄影）

图 10-31　当今黄河两岸的灌溉农业（高兴超摄影）

表10-2　明隆庆万历年间（1570年—1582年）内蒙古人口统计表

| 部落名称 | 蒙古族 | 汉族 | 合计 |
|---|---|---|---|
| 阿拉坦汗三娘子部 | 540000 | 605000 | 1145000 |
| 兀良哈部 | 100000 | 50000 | 150000 |
| 土蛮部 | 450000 | 50000 | 500000 |
| 总计 | 1090000 | 705000 | 1795000 |

（资料来源：宋洒工主编：《中国人口·内蒙古分册》，北京：中国财政经济出版社，1987年。）

年—1451年），脱脱不花攻打海西女真，掠夺了4万~5万人；嘉靖二十一年（1542年），俺答在十卫三十八州杀掠人口20余万（这一数字有些夸大），大量杀掠是事实；嘉靖二十九年（1550年），又从北京郊外掠夺人口2万余。因此，16世纪初期的鄂尔多斯地区蒙古族约有1万户，人口数约5万，汉族也有5万人左右。[48]这些被掠夺来的汉族农业人口多数沦为了蒙古贵族的家奴或劳动力，大肆掠夺汉族人口也反映出明代前中期内蒙古地区当地人口数量的减少，而掠夺来的农耕区人口也渐渐地改变了蒙地社会（图10-31）。

这些被掠夺的汉族农业人口又几乎都被安置在内蒙古黄河流经的河套地区。仅就明代汉人赵全投靠蒙古之后帮助掠夺山陕地区的汉人而言，其掠夺在千人以上的记载就有多次，如嘉靖三十六年（1557年），"杀掳男妇八千余名口"；三十八年（1559年），"由潘家口进入，抢掳蓟镇遵化等县村落，杀掳男妇一万余名口"，六月，"杀掳军民男妇八千二百余名口"；三十九年（1560年），"从拒墙堡进入，直抵山西雁门关内崞县等处，攻毁堡塞一百余处，杀掠男妇万余名口"；四十一年（1562年），"杀抢墩军并各堡男妇共一千六百余名口"，"刘天麒节将

由表10-2所统计数据可以发现，明朝时内蒙古黄河流域的汉族农业人口数量有了一定增长，这是由于明代内蒙古地区人口数量减少，从而导致蒙古贵族在其他地区掠夺人口，以增加蒙地劳动力。在明代，几次大规模的人口掠夺，如正统十四年（1449年），脱脱不花侵犯辽东、广宁，掠夺13300人；景泰元年至二年（1450

抢掳人口并召集叛逆汉人管领二千余名口"；四十二年（1563年），"管领叛逆并召集被掳汉人一万余名口"；四十五年（1566年），"抢杀男妇二千余名口"。再如隆庆时期，元年（1567年），"杀掳男妇万余名口"；三年（1569年），"杀掳男妇及仪宾王廷枢等二千余口"；四年（1570年），"节年抢掳汉人并召集逆叛白莲教人等约一万余名"；等等。[49]对于被掳来的汉人，"赵全等人似又将部众割为大板升十二部，小板升三十二部，多者八九百人，少者六七百人，各有头领"；"经过十五六

年，丰州川已经有汉人五万余人，蒙古二千余人"（图10-32）。[50]

前文已指出，这些被掳掠来的汉族人口，多数沦为了蒙古贵族的家奴或劳动力，促进了蒙古草原的土地开发，赵全等所掳之人多被安置于土默特川平原上，促进了当地的土地开发与定居聚落的形成。此外，赵全等人也在土默特川平原上组织城市等聚落建设，如明嘉靖四十五年（1566年）三月，"（赵）全与（李）自馨、（张）彦文、（刘）天麒等，遣汉人采大木十围以上，复起朝殿及寝殿，凡七重，东南建仓房凡三重，城上起

图10-32　蒙晋黄河交界处的长城眺望（奥静波摄影）

图 10-33　呼和浩特市清水河县板申沟 1 号敌台（箭牌楼）（内蒙古博物院供图）

滴水楼五重，会画工绘龙凤五彩，艳甚。已，于土堡中起大宅一所，大厅凡三重，门二。于是题大门曰石青开化府，二门曰威震华夷。已，建东蟾宫、西凤阁凡二重，滴水土楼凡三座。亦题其楼曰沧海蛟腾，其绘龙凤亦如之"[51]。因此，明代出现的这些"板升"及城市聚落建设都体现出人们对当地草原自然环境的改造利用，这些建筑成为当地环境景观格局中的组成部分（图10-33）。

此外，明代内蒙古地区的农业发展虽然受到一定制约，但是也有部分区域存在较小规模的农业生产，前文多次提及的土默特川平原就是典型区域。色音在论述明代蒙古族与农业生产之间的关系时指出：蒙古宫廷大汗和其他上层社会人物并不希望在蒙古草原上发展农业。因为他们拥有大量的畜群，他们考虑的一方面是如何维护贵族的权益，如何能够占据大量水草丰美之地；另一方面，是屈服于自然气候的严酷而强令禁止农业发展，即延祐七年（1320年）与至元三年（1337年），以北部地区不产粮和北部边界戈壁地区过于寒冷为借口而两次下令禁止发展官田（图10-34）。

与此同时，由于北元政权以君王贵族为首的统治阶层的谷物消费由被占领地区提供，导致了具有短期复苏

图 10-34　当今和林格尔南部山前牧业经济（高兴超摄影）

图 10-35　当今黄河支流板升村落的农牧交错经济（高兴超摄影）

性质的草原农业在此时期遭到进一步削弱。但是，也有些蒙古族牧民因占有畜群较少，以及贫困或中等水平以下的牧民一直坚持不放弃农业。[52] 此外，今日内蒙古地域范围内的农产品也是游牧社会生活中的主要消费品，蒙古地区的农产品消费主要在宫廷和军队之中，在蒙古草原的广阔地区内也有一些牲畜较少的贫苦牧民从事种植业，以此解决单纯游牧经济下的食物不足及食物种类单一等问题，但这较以前单纯的游牧经济而言却有了本质的改变（图10-35）。

## （三）明朝戍边屯田对内蒙古黄河流域的影响

明代内蒙古黄河流域的农业生产除在河套地区直接进行的土地垦种以外，因受到明代戍边屯田的影响在长

图 10-36　当今黄河河道灌溉农业卫星图（鄂尔多斯市文物考古研究院供图）

城沿线出现了土地开垦，这也源于明代通过在蒙汉交界地带建立卫所及戍兵屯田的方式以抵御蒙古诸游牧部落的侵扰，达到维护统治秩序的目的。究其根源，则是明朝出于防止蒙古游牧部落南下侵扰，便在边地设立卫所及驻兵，而驻兵的军需民用若仰仗内地运输，则其运输成本极高，路途遥远，也多有不便。故而明代吸取前代经验，在戍边地区进行屯田以达到养军的目的。明人庞尚鹏也指出："臣自永宁州（属太原）渡河西入延绥，所至皆高山峭壁，横亘数百里，土人耕牧锄山为田，虽悬崖偏坡，天地不废，及至沿边诸处，地多荒芜。"[53]明长城修筑以后，边外漠南地区数百里内原来的草原被开垦为农耕地，且长城内原来优良的草场也未免于难，也成了农区，[54]明朝对长城的长期占据与土地开发也导致"山之悬崖峭壁，无尺寸不耕"[55]农业生产景观的出现，这些已垦土地主要分布在土默特川平原及长城沿线（主要分布在长城南侧）地区（图10-36）。

　　对于明朝时的边地移民及土地屯垦，何炳棣指出：明太祖出于国防安全的需求，在各个重要的战略要地设置军事屯垦区（卫所），从最西南的云南到北部长城内外，

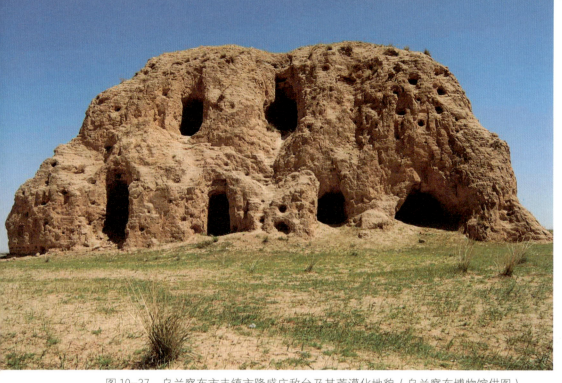

图10-37　乌兰察布市丰镇市隆盛庄敌台及其荒漠化地貌（乌兰察布博物馆供图）

各地都普设屯垦区。[56]据统计，仅大同地区至嘉靖时屯田多达40000多顷。[57]终明一代，西北及北部地区的屯田出现了"国家九边之地，肥沃可种者，悉为屯田"[58]的壮观局面。戍边屯田地区的农业也因之有所发展，同时也收获了一些粮食，成为维系边地士兵与移民的生存给养，但同样需要注意到，那些非合理的屯田与土地开发利用对蒙地草原自然环境及游牧经济的破坏也是显著的（图10-37）。

综合以上所述可以发现，明代只是蒙地农业发展的初期，农业也只是分布于今内蒙古草原的局部地区。即使是板升农业较发达的土默特川平原及毗邻地区，农业生产也是较为粗放

的，如《北虏风俗》所载："但其耕种惟借天，不借人。春种秋敛，广种薄收，不能胼胝作劳，以倍其入。所谓耕而卤莽，亦卤莽报予者非耶？且也腴田沃壤，千里郁苍，厥草惟夭，厥木惟乔，不似我塞以内，山童川涤，邈焉不毛也。"[59]且在更广阔的蒙古草原上，明代蒙古族的绝大部分人口仍是处于"无定居，无定名；骋强力相雄长，亦无定长；弓骑剽掠为生业，亦无定业；狼心野性，故亦无定性。是故类族以领之，居方以别之"[60]的生存状态。以戍边及输出农业人口进行的土地开垦对明代内蒙古黄河流域的开发利用，对当地自然环境与人类社会造成的深远影响同样不容小觑。

# 三、明代内蒙古黄河流域的环境变迁考察

移民、土地开垦及围绕着农业生产而出现的土地开发建设有明一代，明蒙政权对内蒙古黄河流域的环境变迁产生了深远影响，尤其是土地退化或沙漠化[61]，可谓是明代内蒙古黄河流域环境变迁最为重要的一个表现形式。王建武将土地退化界定为："土地退化是一系列土地要素变化的过程，如水土流失、土地荒漠化、土壤质量下降、植被退化、盐碱化等的总称。其本质是土地质量遭到破坏，土地对于生命系统的供养潜力衰竭，从而生命难以生存，最终形成荒漠化景观。"[62]在明代，非合理的土地开发利用是导致全国范围内环境遭到破坏的重要原因，高寿仙对此分析指出："中国历史时期的生态环境呈现出日趋恶化的态势，明代则进入了快速恶化期。这种情况的出现，有些是自然界本身的变化造成的，但就整体而言，人力因素的影响要大于自然因

素的影响。明代在耕地拓垦和山林开发方面取得不小的成绩，但没有节制地毁林开荒、围水造田以及掠夺性地使用地力，确实给自然生态造成很大压力，不少地区的环境急剧恶化，抗灾能力急剧下降，从而在一定程度上抵消了农业发展的积极成果。"[63]因此，对于明代因戍边屯田取得的农业成就，应辩证地看待，需要注意到农业发展背后所付出的环境代价（图10-38）

就内蒙古黄河流域来说，向边地移民及屯田对当地环境造成的破坏是极为严重的。在明代，屯田是在各地卫所中普遍实行的一种生产制度，明代边地屯田可分为军屯与民屯两大类型，由前文所述可以发现，边地屯田活动对边地土地开发及环境变迁等都产生了深远影响。内蒙古黄河流域由于特殊的地理区位及较好的农业生产条件，成为明王朝在北部边地推行屯田的主要区域之一，并对当地环境变迁（尤

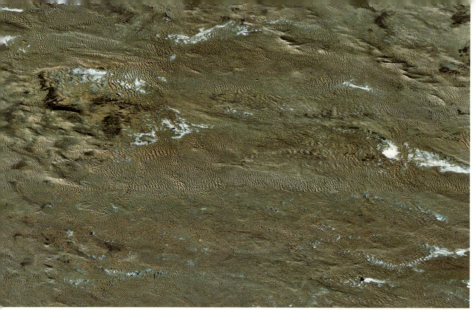

图10-38 鄂尔多斯北部荒漠化卫星图（鄂尔多斯市文物考古研究院供图）

其是环境恶化）产生了重要影响（图10-39）。

明代边地屯田中的军屯也是明朝在长城边地屯田的主要形式。王毓铨曾对明代军屯系统研究指出："军屯是以世袭性的兵役制度为基础、依靠军事性管制进行经营的农业生产方式。"[64]这无疑是对明代军屯制度性质的最本质概括。明代的军屯制度是中国历史上自秦汉以来屯田制度的延续和发展，其形式、内容以及规模都远远超过了之前的任何时代。[65]明初屯田就开始在各边推行，但由于洪武、永乐朝采取了较为积极的防守策略，战事频繁，边地的屯田生产情况并不乐观。正统后，明朝实力衰弱，北元采取了咄咄逼人的攻势，明朝的边防策略开始转入以守为主，在边地屯驻了更多的军队，防御守边成为常规化军事行动。由于边地驻军数量的增多，对军饷的需求也随之增加，靠腹里地区输送粮食耗费巨大，这时屯田生产的意义充分被发掘，边地的屯田生产活动空前高涨。屯田生产的不断推进，使土地的需求量也不断增加。而且明廷为了推进屯田生产，多次颁布相关诏令，鼓励屯田生产。[66]因此，毫无节制且非合理的边地屯田对当地自然环境的破坏性影响极为深远（图10-40）。

除军屯之外，民屯也是明朝在边地开展屯垦的重要方式。所谓民屯，就是由政府通过招募、迁徙等方式，将一部分民户从人口密集的地区迁移

图10-39　乌海市明长城二道坎烽火台及周边荒漠地貌（乌海博物馆供图）

图10-40　清水河阎王鼻子明长城及长城内现代垦田（内蒙古博物院供图）

到地广人稀或者边远荒闲之地，派给土地，分别编屯，令其屯种，并实行统一管理。[67]无论是军屯还是民屯，都对所屯垦地区的自然环境造成了一定破坏，有些地区的破坏程度也较为深远。此外，商屯的兴起也曾使边区土地垦殖的规模大幅增加。商人为避免运送粮饷的路途烦费，大都在边地招募农民开垦耕种。虽然在明孝宗弘治五年（1492年）政府一度更改盐法，但商屯开垦的土地在当时也有一定的数量。[68]无论是明代的军屯、民屯，还是商屯，其对边地环境造成的破坏性影响都是极为严重的（图10-41）。

王杰瑜就明代戍边屯田的环境破坏指出，屯田的推行，不仅解决了驻兵的粮食需求，也促进了当地经济的发展。但是其环境破坏的代价也逐渐凸显出来，屯田时间持续长，土地的利用超出土地的承载力，造成土地肥力下降，进而出现荒漠化，出现"弥望丘墟"的荒凉景象。[69]屯田无疑对森林与草原自然环境产生了致命性伤害，中国历朝各代的屯田不是使脆弱生态区的环境更加恶化。如王元林等人通过对古代各屯田地区的古今对照，认为历史上的有名垦区，如今大多成为沙漠，如呼伦贝尔沙地、科尔沁沙地、毛乌素沙地等，这些地区历史上都是水草丰美的草原，由于屯田农垦，牧区面积缩减，草原出现荒漠化。[70]但韩昭庆则认为："明代政府与游牧民族在河套地区的冲突和战争几乎贯穿整个明代，战争与冲突大大限制了本区垦殖的范围，自正统十四年（1449年）土木堡之变后，明代在河套地区的势力范围一再内缩，成化十年（1474年）余子俊在河套地区构筑二边后，明政府在河套地区的势力范围最终退至长城一线。此外，战争还是弘治五年（1492年）开中法改制的主要原因之一。开中法改制，使商人可纳银中盐而不必纳粮中盐，边区的商屯也就失去存在的意义。以上两

图10-41　当今明长城北侧荒漠化农业卫星图（鄂尔多斯市文物考古研究院供图）

个因素共同限制了边区屯垦的范围，边外土地的有限开垦不足以导致大片土地的沙化，流沙的缘起似应与自然因素有关。"[71]因此，我们在考察明代毛乌素沙地环境变迁尤其是环境出现严重恶化的成因时，应区别对待（图10-42）。

关于明代内蒙古黄河流域出现的土地退化情况，毛乌素沙地位于黄河几字形大湾内侧的蒙、陕、宁三省交界处，20世纪50~80年代学界研究指出：毛乌素沙地的范围是在北纬37° 27.5′ ~39° 22.5′，东经107° 20′ ~111° 30′ 之间，包括今日内蒙古自治区鄂尔多斯市的伊金霍洛旗南部、乌审旗全部、鄂托克前旗东中部、鄂托克旗东南部，陕西省榆林市北部神木、榆阳、横山、靖边、定边五县区的西部、北部及佳县的西北境，宁夏回族自治区盐池县的东北部。沙地的总面积为39835平方公里。但是后来的研究也将宁夏河东沙地（即灵武、盐池、陶乐一带的沙地）看成是毛乌素沙地的一部分。前者我们称之为狭义的毛乌

图 10-42　当今的沙漠化地貌（徐磊摄影）

图10-43 当今乌审旗南部毛乌素沙地地貌（高兴超摄影）

素沙地，后者我们称之为广义的毛乌素沙地（图10-43）。[72]

毛乌素沙地地处温带荒漠与干草原过渡地段，既具备沙化的地理位置条件，又因其相对丰富的降水量适合植被生长，在一些地带适宜人类生活。人类在这些地区进行的社会经济活动强度只要没到引起环境恶化的临界值，人类与环境是可以相容的，只有超过临界值，才会导致环境恶化。[73] 但也需要注意到，毛乌素沙地是中华人民共和国成立以来我国治沙研究与环境保护的重点区域之一，因而对其历史时期与现阶段沙漠化问题的研究成果非常之丰富，但分歧之大也是其他区域的相关研究中所未有过的。[74] 究其原因，也源于毛乌素沙地所处的内蒙古黄河流域是我国北部历史上著名的农牧交错带西段，历史时期随着汉民族和其他游牧民族的势力范围的变更，经历了多次农牧业生产、生活方式的更替，而农牧业生产方式对沙区环境影响不同。一般来说，当游牧经济占据主导地位时，当地自然环境多较良好，但当非合理的农业生产出现时，容易导致当地自然环境的破坏及恶化或沙漠化。明代驻守边地主持屯田垦务的大臣庞尚鹏在给朝廷上书时也提到了毛乌素沙漠的扩大，他写道：

其镇城一望黄沙，弥漫无际，寸草不生，猝遇大风，即有一二可耕之地，曾不终朝，尽为沙碛，疆界茫然。至于河水横流，东西冲陷者，亦往往有之。地虽失业，粮额犹存，臣巡历所至，不独军士呼号仰天饮泣而管屯官疾首蹙额，凛然如蹈汤火中，真有使人恻然不忍闻者，……筑塞垣以护耕作，照得该镇地方，高仰者冈阜相连，卑下者沙石相半，其间称为腴田，岁堪耕牧者十之二三耳。且天时难必，水利不兴。雨旸或致愆期，则束手无从效力，此米价之腾涌，边储之缺乏，职此故也。[75]

由此段记述可见，明代鄂尔多斯地区的草原环境问题也已经较为普遍，尤以毛乌素沙漠的扩大最为显著。因此，明代沿边地方所开屯田，虽然短期内取得了较大的收益，但时间一长，土壤肥力下降，旱则赤地千里，涝则洪流万顷，其对自然环境造成的破坏最为显著，反过来又影响到人类的生存（图10-44）。

以今日之学术视角来看，当时人们在不断扩大的土地面积上投入了更多的劳动力及生产资料，却未必能收获更多，这是传统农业的局限性。而在晋陕蒙接壤区这样的生态环境脆弱地带与气候敏感带内，农业生产的边际效益递减更为明显，因此到万历时就有大片土地处于弃耕状态。"其次，土壤沙漠化加重了沙尘暴等灾害的发生，危害城镇设施和人身安全。晋陕蒙接壤区接近蒙古沙漠地带，其西北部分布着毛乌素沙漠、库布齐沙漠、乌兰布和沙漠、巴丹吉林沙漠、腾格里沙漠等，每到春冬季节，在蒙古高压和西伯利亚寒流的影响下，常常狂风大作、挟沙带土，以至飞沙走石、天昏地暗，树木和建筑物往往被摧毁，人畜也不能幸免。"[76]由此可见环境恶化对人类社会造成的破坏影响。

毛乌素沙地虽然在明代持续扩大，但未能持续向东扩展，究其根由，韩昭庆根据对毛乌素沙地的考察结果并利用科学方法分析指出：毛乌素沙地沙丘一般高度约10米，最高可达20余米，低者仅七八米。沙丘峰顶

图 10-44 今日鄂尔多斯西南部明长城及毛乌素沙地地貌（奥静波摄影）

间距，密者在30~40米之间，疏者约100米。长城高度一般为6米，起着军事防御的作用，却无法成为流沙前进的障碍，只有大河和高山才能阻止流沙的活动。据20世纪60年代学者的考察，定边与榆林间的沙区并不以长城为界，而是以芦河、无定河及榆溪河为界。其原因是各种沙粒一次跃进的距离因直径的大小而不同，如0.25~1毫米的粗沙及中沙一次跃进的距离限度是25米，一次跃进距离是很短的，它无法一次跳过宽阔的河谷，只有细沙和粉沙才能越过河谷前进。波罗到鱼河堡之间的无定河，河谷两壁宽约2.5~6公里，因此便成为流沙的陷沟。当然，细沙、粉沙仍然是可以越河而过，粗沙和中沙落到河底后，流水不一定能把它们全部冲走，但在河水水位较低或干涸期间，经风力搬运，它们仍可逐步向东南、东及南岸继续前进，因此在河流东南方向谷地里也常见河岸沙丘。此外，高山也能阻拦流沙，由于流沙主要是拖曳式地前行，南面的白于山及横山便成为南进沙粒的障碍，受阻挡的沙粒只能在洼地中堆积下来，这也是毛乌素沙地不能无限向东南发展的原因（图10-45）。[77]因此，明长城修成以后，一

图 10-45　鄂托克前旗特布德明代长城及周边荒漠地貌（甄自明摄影）

些地段很快就受到流沙的冲击，所以明代驻边大臣在奏折中也提出了清理长城淤积泥沙的建议，如涂宗浚所作《修复边垣扒除积沙疏》（载《明经世文编》卷四百四十八）就是典型代表，据其所载，当时的泥沙淤积高出长城可达数米至20余米不等。

由上述可以发现，明代修筑长城也一定程度上阻挡了毛乌素沙漠继续向东及南等方向的扩大。根据韩昭庆的考察，弘治中文贵所修长城大致在毛乌素沙地南缘，一些低平地带的长城很快就遭遇流沙，流沙发展迅速，万历中期，流沙堆积在部分长城

之外，甚至淹没了长城，使得长城失险。万历三十七年（1609年）在榆林中路进行的扒沙，共扒除近120公里的积沙，扒沙完毕，还采取密植栽蒿的方法防止风沙的再次侵袭。这次明末进行的人为扒沙有效地遏制了长城沿线流沙向东南发展的势头，可以说，明代毛乌素沙地的南缘基本上没有突破长城。[78]因此，明代长城的修筑对于阻挡风沙及防止鄂尔多斯地区荒漠化土地面积进一步扩大的作用是值得肯定的（图10-46）。

综合上述可知，沙漠化是此时期内蒙古黄河流域部分区域环境恶化的

主要趋势，沙漠化是气候波动与人类非合理的自然开发活动等因素共同或单独作用下所产生的一种以风沙活动为主要标志的环境退化过程，是以干旱半干旱地区环境趋向沙化的变化为重要表现方式。根据何彤慧的研究，目前我国的沙漠化土地主要分布在半干旱地带的草原区和干旱地带绿洲边缘及内陆河下游地区，尤以贺兰山以东的半干旱区分布最为集中，因而半干旱的农牧交错区既是全球环境变化的敏感区域，也是中国北方沙漠化研究的重点区域。由于生态环境脆弱，对全球气候变化响应敏感，它是气候环境演变研究中的热点地区之一。[79]内蒙古黄河流域也位于这一地区，当地的沙漠化在明代以前就已有所显现，但自明代以来，沙漠化倾向逐渐严峻，其恶劣影响也一直持续至今。换句话说，当下展开对内蒙古黄河流域的环境保护及对已破坏环境的治理也需要对环境恶化的成因及环境变迁的历史有所了解，这也体现出本部分内容具有重要的历史与现实意义。

图10-46　20世纪60年代毛乌素沙地及防风治沙（鄂尔多斯博物馆供图）

## 注释

［1］ 土默特川平原由蒙古族土默特部落得名，也被称为"前套平原"、"呼和浩特平原"或"土默川平原"，土默特川平原西起包头市郊区东乌不拉沟口，北靠大青山，东至蛮汉山，南临黄河及和林格尔黄土丘陵，大体相当于今日内蒙古自治区呼和浩特市与包头市部分地区。地势西高东低，平均海拔在 1000 米上下，北依大青山，本区内河流水系虽较发达，但本地属半干旱区，降水量（240~395 毫米）小却蒸发量（2000~2600 毫米）大，无霜期 130~185 天。本区为温带大陆性气候，四季分明，雨热同期。土壤以栗钙土为主，在河流流经区也有黑钙土及黑垆土等，土壤较肥沃。（参见周清澍主编：《内蒙古历史地理》，呼和浩特：内蒙古大学出版社 1994 年版，第 229 页。）

［2］ 张小永：《明代河套地区汉蒙关系研究》，西安：陕西师范大学 2015 年博士论文，第 39~41 页。

［3］ 刘景纯：《明代九边史地研究》，北京：中华书局 2014 年版，第 30~36 页。

［4］ ［美］巴菲尔德：《危险的边疆：游牧帝国与中国》，袁剑译，南京：江苏人民出版社 2011 年版，第 20 页。

［5］ 在明代，长城又称边墙。明政府修筑长城的主要目的在于军事防御。明朝成立之初，内蒙古黄河流域的河套地区就成为以农耕业为主的明朝政府和以畜牧业为生的游牧民族激烈争夺的地区，双方之间在这一区域的战事持续不断，因而明王朝在此地修筑长城以抵御蒙古诸部的侵扰。

［6］ （清）张廷玉等：《明史》卷九十《兵二·卫所》，北京：中华书局 1974 年点校版，第 2193 页。

［7］ 韩昭庆：《明代毛乌素沙地变迁及其与周边地区垦殖的关系》，《中国社会科学》2003 年第 5 期，第 191~204 页。

［8］ （清）顾炎武：《日知录》卷二十九《烧荒》，载严文儒、戴扬本点校：《顾炎武全集》（第 19 册），上海：上海古籍出版社 2012 年点校版，第 1111 页。

［9］ 张秉毅：《与天地共生：鄂尔多斯生态现象》，呼和浩特：内蒙古人民出版社 2000 年版，第 64 页。

［10］ 杜大恒、孙德智：《论明朝安全政策的环境影响》，《哈尔滨工业大学学报（社会科学版）》2004 年第 3 期，第 36~41 页。

［11］ 黄仁宇：《放宽历史的视界》，北京：生活·读书·新知三联书店 2001 年版，第 146 页。

［12］ 王琼：《北虏事迹（节录）》，载薄音湖、王雄编辑点校：《明代蒙古汉籍史料汇编》第一辑，呼和浩特：内蒙古大学出版社，1994 年，第 144~145 页。

［13］ ［德］马克思、［德］恩格斯：《马克思恩格斯全集》（第 1 卷），中共中央马克思恩格斯列宁斯大林著作编译局编译，北京：人民出版社 1995 年版，第 32 页。

［14］刘钟龄主编：《内蒙古通史》第八卷《生态环境与生态文明》，北京：人民出版社 2011 年版，第 100 页。

［15］白振声：《茶马互市及其在民族经济发展史上的地位和作用》，《中央民族学院学报》 1982 第 3 期，第 28~34 页。

［16］郭孟良：《论明代的"以茶治边"政策》，《洛阳工学院学报（社会科学版）》2000 年第 4 期，第 31~35、40 页。

［17］（明）张雨：《边政考（节录）》，载薄音湖、王雄编辑点校：《明代蒙古汉籍史料汇编》 （第一辑），呼和浩特：内蒙古大学出版社 1994 年版，第 183 页。

［18］（明）杨荣：《北征记》，载薄音湖、王雄编辑点校：《明代蒙古汉籍史料汇编》（第 一辑），呼和浩特：内蒙古大学出版社 1994 年版，第 66 页。

［19］［苏联］乌拉吉米索夫：《蒙古社会制度史》，瑞永译，蒙古文化馆 1939 年版，第 37 页。

［20］（明）王琼：《北虏事迹（节录）》，载薄音湖、王雄编辑点校：《明代蒙古汉籍史料汇编》 （第一辑），呼和浩特：内蒙古大学出版社 1994 年版，第 148 页。

［21］（明）刘绍恤：《云中降虏传》，载薄音湖、王雄编辑点校：《明代蒙古汉籍史料汇编》 （第二辑），呼和浩特：内蒙古大学出版社 2000 年版，第 97 页。

［22］（清）张廷玉等：《明史》卷八十《茶法》，北京：中华书局 1974 年点校版，第 1949 页。

［23］（明）严从简著，余思黎点校：《殊域周咨录》卷十《吐蕃》，北京：中华书局 2000 年版， 第 369 页。

［24］《明太祖实录》卷二百五十"洪武三十年二月丁酉条"，台北：台湾史语所 1962 年校印本，第 3619 页。

［25］（清）张廷玉等：《明史》卷九十二《兵志》，北京：中华书局 1974 年点校版，第 2276 页。

［26］（清）张廷玉等：《明史》卷八十《茶法》，北京：中华书局 1974 年点校版，第 1974 页。

［27］（清）张廷玉等：《明史》卷八十《茶法》，北京：中华书局 1974 年点校版，第 1951 页。

［28］（明）杨一清著，唐景绅、谢玉杰点校：《杨一清集》（上册），北京：中华书局 2001 年版，第 74 页。

［29］蔡志纯：《漫谈蒙古族的饮茶文化》，《北方文物》1994 年第 1 期，第 60~65 页。

［30］张小永：《明代河套地区汉蒙关系研究》，西安：陕西师范大学 2015 年博士论文，第 54 页。

［31］张小永：《明代河套地区汉蒙关系研究》，西安：陕西师范大学 2015 年博士论文，第 75 页。

［32］张小永：《明代河套地区汉蒙关系研究》，西安：陕西师范大学 2015 年博士论文，第 85 页。

［33］邢莉、邢旗：《内蒙古区域游牧文化的变迁》，北京：中国社会科学出版社 2013 年版， 第 95~96 页。

［34］呼日勒沙：《草原文化区域分布研究》，呼和浩特：内蒙古人民出版社 2007 年版， 第 365 页。

［35］蔺璧：《明朝后期的土默川》，载呼和浩特市地方志编修办公室：《呼和浩特史料》（第

四集），1984 年版，第 175 页。

［36］邢莉、邢旗：《内蒙古区域游牧文化的变迁》，北京：中国社会科学出版社 2013 年版，第 94~95 页。

［37］（明）瞿九思：《万历武功录》卷八《中三边二·俺达列传下》，载薄音湖编辑点校：《明代蒙古汉籍史料汇编》（第四辑），呼和浩特：内蒙古大学出版 2007 年版，第 79 页。

［38］李漪云：《呼和浩特地区"板升"何其多》，《实践》1981 年第 5 期。

［39］（明）霍冀：《九边图说·大同镇图说》，薄音湖、王雄点校：《明代蒙古汉籍史料汇编》（第二辑），呼和浩特：内蒙古大学出版社 2000 年版，第 37 页。

［40］（明）萧大亨：《北虏风俗·耕猎》，薄音湖、王雄点校：《明代蒙古汉籍史料汇编》（第二辑），呼和浩特：内蒙古大学出版社 2000 年版，第 243 页。

［41］（明）张雨：《边政考（节录）》，薄音湖、王雄点校：《明代蒙古汉籍史料汇编》（第一辑），呼和浩特：内蒙古大学出版社 1994 年版，第 183 页。

［42］曹永年：《阿勒坦汗和丰州川的再度半农半牧化——阿勒坦汗研究之一》，《内蒙古大学学报（哲学社会科学版）》1980 年第 2 期，第 132~143 页。

［43］邢莉、邢旗：《内蒙古区域游牧文化的变迁》，北京：中国社会科学出版社 2013 年版，第 9 页。

［44］萨冈彻辰：《蒙古源流》，呼和浩特：内蒙古人民出版社 1981 年版，第 223 页。

［45］曹树基：《中国人口史：明时期》（第四卷），上海：复旦大学出版社 2000 年版，第 156 页。

［46］曹树基：《中国人口史：明时期》（第四卷），上海：复旦大学出版社 2000 年版，第 158~160 页。

［47］曹树基：《中国人口史：明时期》（第四卷），上海：复旦大学出版社 2000 年版，第 270 页。

［48］宋迺工主编：《中国人口·内蒙古分册》，北京：中国财政经济出版社 1987 年版，第 44~45 页。

［49］（明）佚名：《赵全谳牍》，载薄音湖、王雄编辑点校：《明代蒙古汉籍史料汇编》（第二辑），呼和浩特：内蒙古大学出版社 2000 年版，第 110~115 页。

［50］乌云毕力格主编：《内蒙古通史》第四卷《明朝时期的内蒙古地区》，北京：人民出版社 2011 年版，第 163 页。

［51］（明）瞿九思：《万历武功录》卷七《中三边一·俺达列传中》，载薄音湖编辑点校：《明代蒙古汉籍史料汇编》（第四辑），呼和浩特：内蒙古大学出版社 2007 年版，第 71~72 页。

［52］色音：《蒙古游牧社会的变迁》，呼和浩特：内蒙古人民出版社 1998 年版，第 2~3 页。

［53］（明）庞尚鹏：《清理延绥屯田疏》，陈子龙等编：《明经世文编》卷三百五十九，北京：中华书局 1962 年版，第 3874 页。

［54］赵珍：《清代西北生态变迁研究》，北京：人民出版社 2005 年版，第 99 页。

［55］（明）庞尚鹏：《清理山西三关屯田疏》，陈子龙等编：《明经世文编》卷三百五十九，北京：中华书局 1962 年版，第 3874 页。

［56］何炳棣：《明初已降人口及其相关问题》，葛剑雄译，北京：生活·读书·新知三联书店 2000 年版，第 161 页。

［57］（清）张廷玉：《明史》卷二百一十一《周尚文传》，北京：中华书局 1974 年版，第 5582 页。

［58］谭其骧：《何以黄河在东汉以后会出现一个长期安流的局面——从历史上论证黄河中游的土地合理利用是消弭下游水害的决定性因素》，《学术月刊》1962 年第 2 期，第 23~35 页。

［59］（明）萧大亨：《北虏风俗·耕猎》，载薄音湖、王雄编辑点校：《明代蒙古汉籍史料汇编》（第二辑），呼和浩特：内蒙古大学出版社 2000 年版，第 243 页。

［60］（明）张雨：《边政考（节录）》，载薄音湖、王雄编辑点校：《明代蒙古汉籍史料汇编》（第一辑），呼和浩特：内蒙古大学出版社 1994 年版，第 183 页。

［61］沙漠化：即沙质荒漠化，按 1977 年联合国沙漠化问题会议上所下的定义，沙漠化是"减少或破坏土地的生物学潜力，最终造成沙漠样的状态，是生态系统在有害和不稳定的气候与过度开发的共同压力下普遍恶化的一个方面"。1992 年，朱震达、王涛将其定义为"沙漠化是在具有一定沙物质基础和干旱多风的动力条件下，由于过度人为活动与自然资源环境不相协调所产生的一种以风沙活动为主要标志的土地退化过程"。因此，沙漠化无疑是土地荒漠化的最主要表现形式，也是环境变化的表现方式之一。（参见何彤慧：《毛乌素沙地历史时期环境变化研究》，兰州：兰州大学 2008 年博士论文，第 2 页。）

［62］王建武：《中国土地退化与贫困问题研究》，北京：新华出版社 2005 年版，第 34 页。

［63］高寿仙：《明代农业经济与农村社会》，合肥：黄山书社 2006 年版，第 97 页。

［64］王毓铨：《明代的军屯》，北京：中华书局 1965 年版，第 194 页。

［65］李旭东：《明代晋陕蒙接壤区土地利用与生态环境变迁的互动关系研究》，苏州：苏州大学 2013 年硕士论文，第 20 页。

［66］张小永：《明代河套地区汉蒙关系研究》，西安：陕西师范大学 2015 年博士论文，第 96 页。

［67］李旭东：《明代晋陕蒙接壤区土地利用与生态环境变迁的互动关系研究》，苏州：苏州大学 2013 年硕士论文，第 23 页。

［68］李旭东：《明代晋陕蒙接壤区土地利用与生态环境变迁的互动关系研究》，苏州：苏州大学 2013 年硕士论文，第 29 页。

［69］王杰瑜：《明朝军事政策与晋冀沿边地区生态环境变迁》，《山西大学学报（哲学社会科学版）》2006 年第 3 期，第 16~19 页。

［70］王元林、孟昭锋：《自然灾害与历代中国政府应对研究》，广州：暨南大学出版社
2012 年版，第 336 页。

［71］韩昭庆：《明代毛乌素沙地变迁及其与周边地区垦殖的关系》，《中国社会科学》
2003 年第 5 期，第 191~204 页。

［72］李旭东：《明代晋陕蒙接壤区土地利用与生态环境变迁的互动关系研究》，苏州：苏
州大学 2013 年硕士论文，第 9 页。

［73］韩昭庆：《明代毛乌素沙地变迁及其与周边地区垦殖的关系》，《中国社会科学》
2003 年第 5 期，第 191~204 页。

［74］李旭东：《明代晋陕蒙接壤区土地利用与生态环境变迁的互动关系研究》，苏州：苏
州大学 2013 年硕士论文，第 22 页。

［75］（明）庞尚鹏：《清理延绥屯田疏》，载陈子龙等：《明经世文编》卷三百五十九，北京：
中华书局 1962 年版，第 3875 页。

［76］李旭东：《明代晋陕蒙接壤区土地利用与生态环境变迁的互动关系研究》，苏州：苏
州大学 2013 年硕士论文，第 45 页。

［77］韩昭庆：《明代毛乌素沙地变迁及其与周边地区垦殖的关系》，《中国社会科学》
2003 年第 5 期，第 191~204 页。

［78］韩昭庆：《明代毛乌素沙地变迁及其与周边地区垦殖的关系》，《中国社会科学》
2003 年第 5 期，第 191~204 页。

［79］何彤慧：《毛乌素沙地历史时期环境变化研究》，兰州：兰州大学 2008 年博士论文，
第 3 页。

# 第十一章

## 清代的统一：民族交流时期内蒙古黄河流域的开发建设

黄河岸边农田（鄂尔多斯博物馆供图，白林云摄影）

当今鄂尔多斯中部草原地貌（鄂尔多斯博物馆供图）

# 第十一章图表索引

清朝是中国历史上的最后一个封建王朝，国祚276年，共传十二帝。相传，满洲的祖先起源于长白山东北的布库里山下。明朝初期，女真被分为建州女真、海西女真与野人女真三大部。此后，又按照地域将其分为建州、长白、东海、扈伦四大部。清朝的建立者爱新觉罗氏为建州女真部。1583年，明军袭击古勒寨阿台驻地时，努尔哈赤的祖父觉昌安和父亲塔克世皆遭误杀。努尔哈赤便以祖父、父亲的十三副遗甲起兵，相继兼并了海西女真部、野人女真部，完成了统一女真各部的伟业，控制了东北的广大区域。并于1605年第一次称"建州国"，努尔哈赤也第一次被称为"国王"。1616年，努尔哈赤正式建国称汗，国号"大金"，史称"后金"。努尔哈赤死后，其第八子皇太极继承了汗位，1636年，皇太极正式称帝并改国号为"大清"。1643年，皇太极病死，其第九子年仅六岁的福临继位，为顺治帝，由叔父多尔衮摄政。顺治元年（1644年），清军入关，开始对全国进行统治。

清朝统治期间，将古代中国封建专制主义推向了顶峰，中国封建社会的各个方面在原有体制下都达到了极致。清朝统治者为满洲的爱新觉罗氏，是女真人后裔。清朝统治时期，统一多民族国家得到了巩固和发展，并进一步加强了对蒙古、新疆、西藏等边疆民族地区的统治，维护了国家主权与领土完整。乾隆时期，最终确定了中国统一多民族大国格局的繁盛发展局面。极盛时期的清朝疆域极为辽阔，西抵葱岭和巴尔喀什湖，西北包括唐努乌梁海，北至漠北和西伯利亚地区，东到太平洋（包括库页岛），南达南沙群岛。民族与人口数量众多，到了清后期，中国人口突破了四亿大关，占当时世界人口的将近一半，这也奠定了今日中国统一多民族国家的民族格局与人口大国的社会基础。同样也需要注意到，清朝统治时期内，由于长期的政治统治模式僵化、文化专制、禁锢思想及闭关锁国等，中国的发展逐渐落后于西方，自鸦片战争以后，开始遭受列强长达百余年的侵略，国家主权与领土完整多遭破坏，中国进入了积贫积弱的时期。

再看清蒙之间的关系，清朝在崛起与建立政权的过程中，便拉拢蒙古部落以抵抗明朝，双方之间通过贸易、联姻等多种方式建立了牢固的联盟关系。清朝建立起对全国的统治之后，虽然出现了部分蒙古部落的叛乱，但在清军的强势打压之下，最终实现了对蒙古地区的实际控制。有清一代，长城几乎不再成为隔绝蒙古与中原地区的地理障碍，双方之间的交流互动频繁且深入，尤其是向蒙古地区进行的大规模移民及在当地的土地开垦，进一步促进了民族之间的交流与融合，并促进了对内蒙古黄河流域的开发建设。

# 一、清朝初期的蒙汉关系

自明清以来，蒙古族成为北方草原上游牧民族的典型代表，也是历史上对游牧生产与生活方式传承延续时间最久远的民族之一，对于蒙古族分布区域的划分，历来众说纷纭、观点不一。蒙元时期以来，受到政治疆界和文化疆界的双重影响，蒙古地区的大致范围为"东起东经125度的嫩江流域、西至东经80度天山地区，南自北纬37度黄河大弯曲处的鄂尔多斯沙漠，北至北纬53度的西伯利亚的贝加尔湖的周边。这以外还有离开本土的两个蒙古地区。一个在以青海湖为中心和它以西以北的地方。另一个位于南俄草原伏尔加河与顿河下游之地。"[1]这是对蒙古族主要活动区域的宏观描述，即使是到了明清两代，蒙古族的游牧区域仍十分广阔，占据着北方草原的绝大部分地区。清朝建立之后，为了防止蒙汉民族之间的交流与联合反抗清朝统治，清政府提出了隔绝蒙汉交往的"蒙禁"政策。与此同时，为了削弱蒙古族的反抗意识并弱化其民族实力，在蒙古族内部开始推行"黄教"政策，使得黄教成为蒙古族全民信仰的宗教，这一政策的推行对于蒙古族民族发展变迁的影响至为重要（图11–1）。

## （一）"蒙禁"政策的提出与推行

"蒙禁"政策肇始于清顺治时期，即顺治十二年（1655年），清政府颁布禁令，"题准各边口内旷土，听兵垦种，不得往口外开垦牧地"[2]。并划定隔离地带，即"我朝设立中外疆域，于各县边墙口外直北禁留地五十里，作为中国之界"[3]。根据清政府规定，隔离带内不能进行农耕或游牧。除划定此隔离地带外，清政府也对蒙地颁布了人口、地域及资源等三方面禁令（图11–2），具体如下：

图 11-1　清代将军衙署和清新调江宁将军丰绅收本（内蒙古博物院供图）

**人口封禁：**

第一，不准内地农民私入蒙地垦种。

第二，不准内地商人随意到蒙古地区经商贸易。

第三，不准内地人携眷进入蒙古地区，不得在蒙地盖屋造房，不得定居、娶蒙古妇女为妻、取蒙古名字、入蒙古籍。

第四，不准蒙古人随意往来内地。

第五，不准蒙古人拐卖、容留和招致内地农民。

第六，不准蒙古各旗互相买卖及馈送属下人丁，严禁互留逃人。

第七，不准各旗蒙古人私行往来，私行联姻和贸易。

第八，严禁隐匿盗贼。

图 11-2 清和硕恪靖公主府（呼和浩特博物馆供图）

地域封禁：

第一，严禁私垦牧地。

第二，严禁各旗越界游牧、畋猎。

第三，严禁在牧地放火。

第四，蒙古与俄国之间不得随意贸易，须按照清政府规定，进行交易。

资源封禁：

第一，严禁私自采伐树木。

第二，封禁各处矿藏，禁止私自开采。

第三，除日常生活所需金属器皿外，严禁把军器和其他铁器、金属携入蒙古。[4]

可以发现，清初蒙地的封禁政策是较为严格的，封禁内容也较为全面，基本上是将中原农耕民族与草原游牧民族完全隔离开，同时也将中原与北方草原在地理空间上进行分而治之。具体如雍正六年（1728年）制定："王、贝勒、贝子等，有前往五台山诵经礼拜者，随往之人不得过八十人，照例给予进口印票。又定，内外扎萨克蒙古，皆令由山海关、喜峰口、古北口、张家口、独石口、杀虎口出入（图11-3）。入关口时，均告明该管官弁详记人数。出口时，仍

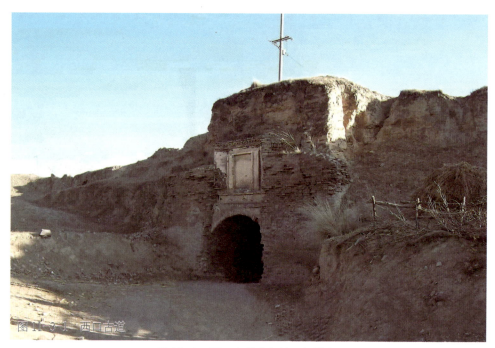

图11-3　西口古道（白林云摄影）

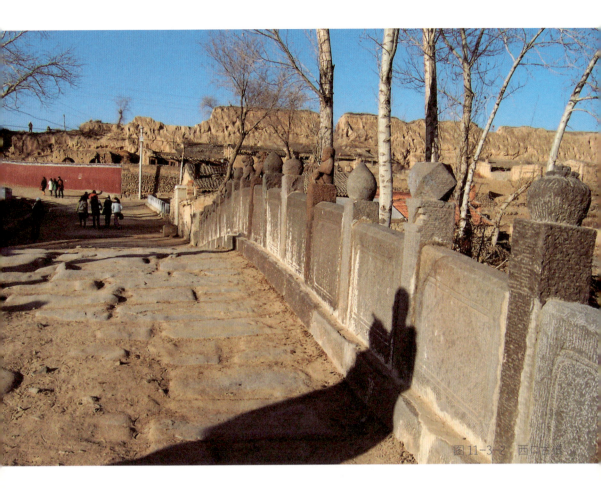

图 11-3-2　西口古道

令密封原数放出，若有置物件，报院
转行兵部，给予出边执照。除此六边
口外，别处边口，不准行走。"[5]此
段记述也极为准确地反映了清政府的
"蒙禁"政策。此外，对于私自进入
蒙地之人也制定了相应的惩罚措施。

　　清朝建立以后，不再将长城作为
边疆防御的堡垒，而寄希望于以蒙古
为长城，不是大肆建造长城或通过戍
边屯田与军事手段防御游牧民族南下

侵扰，而是将蒙古草原纳入中原王
朝的直接控制区，以游牧民族"蒙古
族"为边防。康熙帝对此指出："昔
秦兴土石之工修筑长城，我朝施恩于
喀尔喀，使之防备朔方，较长城更为
坚固。"[6]康熙帝就当时朝野上下对
长城兴废的争议进一步指出：

　　工部等衙门议覆古北口总兵官蔡
元疏言：古北口一带边墙倾塌甚多，

请行修筑，应如所请。上谕大学士等曰：蔡元所奏，未谙事宜。帝王治天下，自有本原，不专恃险阻。秦筑长城以来，汉、唐、宋亦常修理，其时岂无边患？明末，我太祖统大兵长驱直入，诸路瓦解，皆莫敢当。可见，守国之道，惟在修德安民，民心悦，则邦本得而边境自固，所谓"众志成城"者是也。如古北、喜峰口一带，朕皆巡阅，概多损坏，今欲修之，兴工劳役，岂能无害百姓？且长城延袤数千里，养兵几何方能分守？蔡元见未及此，其言甚属无益，谕九卿知之。[7]

由此段记述可见，清朝不再依靠修筑长城或戍边等对立政策处理其与蒙古诸部之间的关系。岑春煊也指出："我朝圣武布昭疆宇，恢拓所当，视为轻重缓急者，尤与前代不同，前代以阴山、大漠为塞，我朝则以外兴安岭、阿尔泰山为塞；前代以

图11-4　阿拉善王府（白林云摄影）

图11-4-1

图 11-4-2

图 11-4-3

匈奴、突厥、回纥、鞑靼为敌国，我朝则以俄罗斯为敌国。"[8]因此，长城的阻隔作用一旦被取消，其防御功能也随之消退，也就难以阻遏蒙汉两区域间的交流与融合，即使是有严格的限制政策与惩罚措施，但两区域间的交流与融合也是无法杜绝的（图11-4）。

因此，清朝初期的统治者虽然严令禁止汉人进入蒙地，并在双方中间地带划定一条宽约50里的隔离带，以

图11-5-1 郡王府（奥静波摄影）

图11-5 郡王府

阻绝蒙汉地区之间的人员往来。但随着清朝入主中原之后统治的进一步稳固与中原人地矛盾加剧等因素的刺激，清朝逐渐放弃了这一隔绝政策，并大肆鼓励中原（尤其是山东、河北、山西及陕西等地）人多地少区域的汉人逐渐外迁到地广人稀的长城以北的东北及蒙古草原等地区，由此导致了历史上轰轰烈烈的"走西口（流向内蒙古中西部地区）"及"闯关东（流向内蒙古东部及东北地区）"等人口大迁徙。如乾隆十四年（1749年），"陕省沿边之榆、延、绥、鄜（富）四府州属山多田少，民人向赴口外鄂尔多斯地方租种夷地，以资食用"[9]。此段记述

就是口内之人外迁至内蒙古黄河流域进行土地开垦（图11-5）。

与此同时，清初提出的"蒙禁"政策也有较大弹性，一方面驱逐在蒙地垦殖的内地人，另一方面也承认土地开垦的既成事实。[10] 可以看出，清政府对蒙古族"既防且用"的心态也就决定了"蒙禁"政策难以始终推行。至康熙五十八年（1719年），出现了"贝勒达锡拉卜坦以民人种地若不立定界址恐致侵占游牧等情申请；因特命侍郎拉都浑前来榆林等处踏勘，即于五十里界内，有沙者以三十里立界，无沙者以二十里立界，准令民人租种。每牛一镇，准蒙古征粟一

图 11-5-2　郡王府（奥静波摄影）

图 11-5-3　郡王府（白林云摄影）

石，草四束，折银五钱四分"[11]的局面。因此，清初"蒙禁"政策的推行也难以实现"禁"的目的，"民人"私下日渐增多的流动也逐渐破坏了"蒙禁"政策，随着时间的推移，"蒙禁"政策的影响也逐渐减弱并消退。

对于如何处理在没有长城防御下的清朝与蒙古草原之间的关系，康熙帝谕曰："柔远能迩之道，汉人全不理会，本朝不设边防，以蒙古部落为之屏藩耳，蒙古终年无杀伤人命之事，即此可见风俗醇厚，若直隶各省人命案件不止千百个，缘人多亦习尚

浇漓使然也。"[12]且漠南蒙古诸部也接受清朝的统治政策，即"蒙古稽首臣服，乐为内附，且屏藩中朝"，出现了"蒙古臣服，统入八旗，如行内地矣"[13]的和谐局面（图11-6—图11-9）。

由上述可见，随着满洲在东北势力的逐渐强大及清朝的建立，漠南蒙古诸部落也逐渐归降了清政府，自此，长城的防御与阻遏功能已基本丧失，单纯地依靠人为划定一条50里的隔离地带也导致清初"蒙禁"政策难以贯彻执行。此外，清朝对私入蒙地

图11-6　清雍正款祭红釉瓷碗（鄂尔多斯博物馆供图）

图 11-7　清康熙黄釉龙纹瓷碗（鄂尔多斯博物馆供图）

图 11-8　清代祭蓝釉盘（鄂尔多斯博物馆供图）

图 11-9　清窑变釉贯耳瓷方瓶（鄂尔多斯博物馆供图）

之人的惩罚也是较轻的，至少相比于明朝，清朝"蒙禁"政策的执行力度及惩罚力度都是轻微的。在明朝，擅自进入蒙地的汉人要被冠以"通敌卖国"的罪名，若被戍边军队发现，则难逃被杀的厄运。到了清代，那些私自进入蒙地的汉人，至少不会有叛国投敌的罪名，处罚也是极轻的。[14]这样的宽松管治模式也减少了私入蒙地之人的顾虑，尤其是在面临生存危机的情况下，便选择出口至蒙地谋求生存，这也对"蒙禁"政策的破坏及处

理蒙汉地区民族关系起到了一定的作用（图11-10—图11-12）。

此外，蒙地的蒙古贵族中也有相当一部分乐于接受内地汉人至草原租种土地或为其提供服务。根据蒙思明的考察，在地方，蒙古王公为了获取必要的粮食及丰厚的资金，也在黄河流域流经的灌溉条件较好的土默特川平原（俗称"前套"）和包头以西地区（俗称"后套"）私自招募内地汉人垦殖。[15]移民至口外的汉人逐渐增多并开始定居，围绕着定居生活也出现

图 11-10　清光绪青花缠枝莲纹瓷赏瓶（鄂尔多斯博物馆供图）

图 11-11　清代粉彩婴戏纹双耳尊（鄂尔多斯博物馆供图）

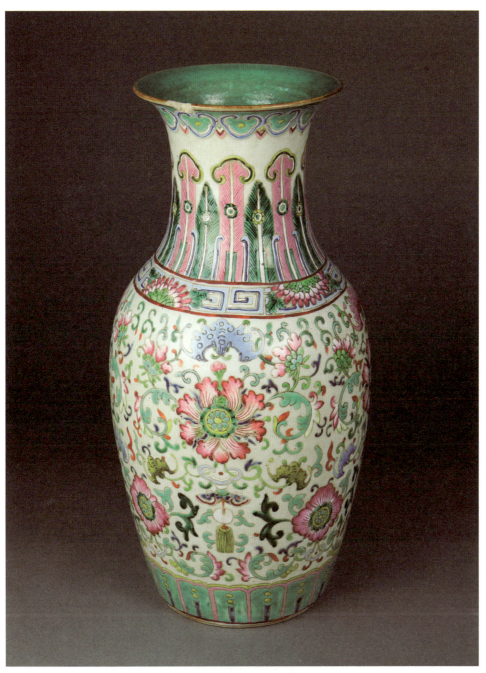

图 11-12　清粉彩花草纹瓷瓶（鄂尔多斯博物馆供图）

了农牧人口聚居的村落及城市等定居聚落，这一现象的出现，对口外地区移民进行管制也成为清政府一项重要的任务（图11-13、图11-14）。

具体说来，早在雍正时期，就因口外定居的"民人"逐渐增多，而在民人聚居地设置府衙、制定税额标准与管制的民人治安条例等，这些仿照内地农耕区的政治建设也体现出农业生产及围绕着农业生产而出现的社会生活变迁在蒙地已较为普遍。对于此，雍正时期的兵部员外郎刘格在奏报中也指出：

奴才看得，边外耕种民人甚多，地方广袤，前经同知白实曾奏请催征粮饷，巡察盗贼，必备官兵，方不耽搁等

因。故增千总、把总各一员，马兵二十名，俱与同知驻张家口。每年虽出边催征粮饷，暂且经过即往，驻德胜口、右卫收取，因未详尽巡察，屡出开烧锅、盗贼之事。察哈尔旗因无治民罪之例，所查拿之人，俱解送同知衙门，往返千里，劳苦官兵。或无地方法律之民人，逾法纪侵占游牧地方耕田，遣官兵制止，因肆意执木棒，故未能制止（图11-15）。

由该旗行文同知，由同知处会审，故复行文。而民人收粮，仍尚未集中，同知住处路远，难于管理，会审事仍需日久。现对归化城同知，既补协办事务笔帖式，请对张家口同知，亦补笔帖式，驻于边外耕田中间，管束民人，协办同知事蒙汉间小

图11-13　清彩绘花草纹带盖木盒（鄂尔多斯博物馆供图）

图 11-14　清彩绘花草纹木食盒（鄂尔多斯博物馆供图）

图 11-15　清代银饰蒙古刀（鄂尔多斯博物馆供图）

杂事，即会同总管等审结。耕种官田和尔郭地方，右翼四旗正中有办理同知事务数间房，距德胜口甚近，既然增建数间，居驻有余，即驻此房。同知衙门已备有书办皂隶，酌情分遣，如同民人建窑以驻。故此，可就近督管民人、催征粮饷，亦可不耽误会盟之事（图11-16）。[16]

由此段叙述可见，蒙地在雍正时期出现的这一由传统游牧社会向农业或半农半牧社会的发展变迁，表明在清初顺治及康熙时期就已普遍出现了移民及土地开垦，经过数十年的发展，当地社会的农业化或半农半牧化特征更为显著，这也导致清政府对当地的治理模式发生了改变，那便是结合当地的特殊民族与经济社会模式改变以往的盟旗制度，或在已有官职机构基础上，重新调整或者增添管理农业生产与定居社会生活等方面的职能，等等，这些都体现出清代以农业为手段对蒙地的开发利用（图11-17）。

随着清代以来移民及土地开垦的逐渐增多，蒙地出现了类似于中原农耕区那样的管理体制与田园农业景观。因此，清代初期的统治者虽然严令禁止汉人进入蒙地，但是随

图11-16　清蒙古族蒙古刀四件套（鄂尔多斯博物馆供图）

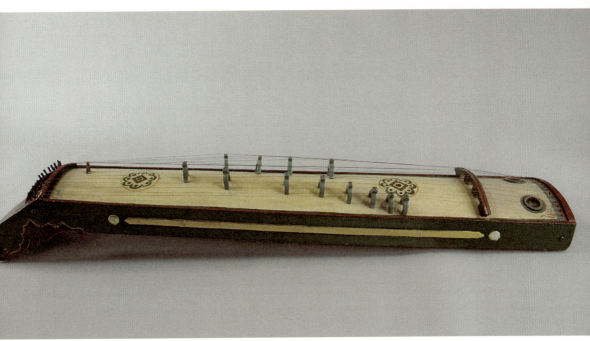

图 11-17　清吉祥纹木蒙古筝（鄂尔多斯博物馆供图）

着清朝统治的进一步稳固与中原人地矛盾加剧等因素的刺激，清朝积极鼓励汉人外迁，出现了历史上轰轰烈烈的"走西口（流向内蒙古中西部地区）"及"闯关东（流向内蒙古东部及东北地区）"的人口大迁徙，这些无疑都加速了对包括内蒙古黄河流域在内的整个北方草原的开发，并进一步促进了蒙汉民族之间的交流融合（图11-18）。

综合上述可见，清初的"蒙禁"政策并非是毫无余地在蒙地被贯彻推行的，肖瑞玲等对此研究指出：清代虽推行蒙禁政策，但是在解决内需和缓解人口压力时，也允许开垦一定的土地（这一时期移民及开垦的土地多分布在黄河流域流经的河套地区）。据统计，雍正十三年（1735年）就放垦官地8处，共计4000顷；到了乾隆八年（1743年），归化土默特地区的牧场已经不足1/5，至光绪十三年（1887年），仅有数可查的耕地已不下57606顷。[17]再如此时期的河套地区，康熙末年至乾隆年间，"凡近黄河、长城处，所在多有汉人足迹"[18]。到了清末放垦时，姚锡光考察之后也说道："窃以化学之理以比例游牧、耕种两种，游牧者，化学中之所谓流质也；

图 11-18-1

图 11-18　清景泰蓝花蝶纹马鞍（鄂尔多斯博物馆供图）

图 11-18-2

耕种者，化学中之所谓定质也。以物理言，流质固仅具形声，定质乃堪成器皿。然则游牧之必不可长，而耕种之必不容缓，固深切而著明矣。"[19] 可见，移民与垦种草原之势在清末已难以阻挡（图11-19）。

## （二）"黄教"政策的推行

利用宗教服务于统治尤其是对边疆民族地区的治理，可视为清代有别于历史上其他王朝的一大创举，黄教在蒙古族中的传播最早可追溯至13世纪的元世祖统治时期，元朝在与西藏喇嘛的接触过程中，将喇嘛教引入蒙古族社会，但最初的喇嘛教主要是在蒙古贵族和宫廷中流传，并未在普通社会民众中广泛传播，因而对蒙古族社会生活的影响尚不显著。[20] 但是明清以来，黄教迅速在蒙地传播，"其传布首先自俺达汗控制的蒙古右翼地区开始，图门汗时期漠南开始信奉。喀尔喀地区信仰黄教始于阿巴岱汗时期，卫拉特也大体是在同一时期接受的黄教。到17世纪初，黄教已成为蒙古全民信奉的宗教（图11-20）。当时的蒙古地区寺院林立，喇嘛成群，黄教与蒙古已密不可分"[21]。由此叙

图 11-19　清代伊克昭盟七旗地图（鄂尔多斯博物馆供图）

图 11-20　德国飞行员卡斯特尔 20 世纪 30 年代航拍的鄂尔多斯寺庙（鄂托克旗新召）（内蒙古博物院供图）

述可见清代蒙古地区黄教之繁盛发展的实际情况（图11-21）。

　　喇嘛庙之部落或称喇嘛街，"建筑工程之冠绝蒙古各地者，即喇嘛庙是也，庙之周围，建有许多大小喇嘛之住宅，鳞次栉比，其结构虽随所在人民之贫富而大小不同，然构造概系砖制，极宏壮之大观，若以他之蒙古家屋相提并论，终有霄壤之别。其大者户数数百，收容喇嘛达数千，小者亦数十或数百，其附近喇嘛信徒之张幕居住，与汉商设天幕而贸易者，殊

图 11-21　大召一（内蒙古博物院供图）

占多数"[22]。到了清代，由于清朝对黄教的推崇，更是加速了黄教在蒙地的繁盛发展，使其出现了前所未有的发展规模（图11-22）。

图11-22　大召二（内蒙古博物院供图）

大体上，黄教在清代蒙古草原上的发展阶段是顺治和康熙时期为恢复、发展时期，到了乾隆与嘉庆时期则迎来了鼎盛发展阶段。[23]且终清一朝，在清朝的大力支持下，蒙古草原上修建了大量寺庙，黄教寺院的数量持续增多。清末吴禄贞考察蒙古地区时就喇嘛庙之繁盛情况指出："各旗必有大庙，一旗或四五大庙，小庙无算。大庙之喇嘛，多或七百人，少或四百人，大约一旗总在千数以外，居男子四分之一。"[24]据统计，到19世纪时，今内蒙古地区的寺院就有1200多座，喇嘛更是难计其数。[25]此外，赵双喜统计指出：清代蒙地大小寺庙有1500座以上，这些寺庙建筑也大量存在至今，喇嘛近20万人。[26]对于召庙的喇嘛数量，清末民初时陈份考察时记述道："大庙喇嘛六七百，小庙百余，每旗之喇嘛，至少亦有千人。喇嘛甚富，近边一带，多置田产，布施而得之金银，窖藏地中，秘不示人，亦间有放债于各王公，以收重利者。"[27]

寺院不仅仅是宗教活动场所，也是清代蒙古草原上的政治、经济与文化中心，具有多重职能，清末民初时

蔡受百在蒙古考察之后完成的《蒙古之今昔观》中也就寺庙在蒙古地区的作用指出："寺院在一区内为政治及宗教方面之中心，故其左近居民最多，因之遂亦成为商务之中心。若寺院规模宏大，负□盛名，能吸引极多之人民，则该地商务因之兴盛，别处之店馆，亦来附归，终乃成为一市场。吾人于一区内，但观其寺院四周商店之多寡，即不难略测知该地之人口及财富。如库伦、乌里雅苏台、科布多等，乃其中最大之商务中心也。"[28]可以发现，围绕着寺院不仅出现了较为繁盛商贸活动，同时也因寺院拥有较为丰富的土地或牲畜而吸引着农牧民围绕其定居（图11-23）。

因此，寺庙不仅拥有较多数量的喇嘛，还拥有广阔的牧场，且大部分寺院都拥有相当数量的牲畜，分布在

图 11-23　大召壁画（内蒙古博物院供图）

可垦区的寺院也占有相当数量的耕地，以此为据点出现了蒙汉"民人"的交错定居。对于寺庙之财产的丰富，吴禄贞指出："近边一带，多置田产。喀喇沁、敖漠（汉）旗内之庙，远置不动产，于扎萨图、郭尔罗斯等旗木（未）开垦之区，则以牧畜为富，操作多佣工任之，或放债于王公，而责其每月六分之息。其来源，均由布施而得。而僻处之销路不广，故岁有余积，不利济，不贸易（近边者，略托人贸易），皆窖藏于地，秘不示人。"[29]由此可见，召庙拥有较多的可耕土地与牲畜，由此也获取了更多的财富，并且成为蒙地可耕土地与牧场的直接经营者（图11-24）。

因此，黄教是清代蒙古地区土地开发的又一表现形式，黄教影响下的土地利用也对环境变迁造成了一定影响。祁美琴就认为清朝对于宗教的态度具有明显的政治色彩，即有利有用则推行，无利无用则抑制，带有浓厚的政治色彩，清朝统治者并不沉迷于宗教理念，这也是有清一代不为宗教思想和教派人士所控制而能够有效利用和限制宗教势力的根本原因。[30]因此，黄教也是清

图 11-24　大召壁画之弥勒菩萨（内蒙古博物院供图）

代内蒙古黄河流域的重要开发者（图11-25）。

"黄教"政策的推行导致蒙地兴建了众多召庙，清政府也大肆鼓励信仰喇嘛教并要求每户蒙人家都必须至少有一个男子出家做喇嘛，出现"各旗必有大庙，一旗或四五大庙，小庙无算。大庙之喇嘛多或七百人，少或四百人，大约一旗总在千数以外，居男丁总数四分之一。其出家为喇嘛，家中资财仍得十之三四，或贫无产，则以衣食周济之，亦有家贫而喇嘛富者，则以庙中资财周济之。且一入僧籍，可免差徭，故剃度日多云"的现

象。[31]康熙二十八年（1689年），张诚途经土默特川平原时对所见喇嘛教记述道：

他们（蒙古人）尊重喇嘛的程度之深，是难以形容的。这些喇嘛穿红色的和黄色的服饰，在长城外面的大路上，我们遇到了几个喇嘛，那是我见过的最丑陋的人。现在北京有大批这样的喇嘛，他们每天聚集在那里，因为皇上由于他们在蒙古人心目中的崇高地位，出于政策，才仁慈地使用他们。当他们在北京时，他们很快地扔掉了他们的破衣服，很容易被说服

图11-25　乌审召（白林云摄影）

图 11-26　准格尔召（鄂尔多斯博物馆供图）

注意穿着和饮酒作乐。据说，喇嘛购买他们遇到的眉清目秀的女人，借口让她们与其奴隶们结婚，价格为二百到二百五十克朗。[32]

　　张诚所述是对17世纪末期蒙地喇嘛与宗教情况的描述，窥见一斑而可观其大略，一些喇嘛并非是因为信仰而出家，清政府在蒙地推行黄教也带有浓厚的政治目的。据统计，清中叶蒙地佛教鼎盛时，今日内蒙古地域范围内的藏传佛教寺庙达1800余座，喇嘛15万余人；光绪时，寺庙1600余座，喇嘛10万余人。[33]此外，在清

代的整个蒙古地区，上至王公，下至牧民，各家均需有男子出家为喇嘛，"男三者一人为僧"。清末民初时，内蒙古地区有藏传佛教召庙940座，喇嘛12.8万人，占蒙古族人口的10%左右。[34]另一说是19世纪时，前文引述意大利学者图齐与西德学者海西希所统计的内蒙古地区有1200多座寺庙和喇嘛庙。但无论哪一数据，都表明清代蒙古草原上存在数量众多的召庙（图11-26）。

　　黄教在蒙地被广泛推行也导致寺庙被大量修建，喇嘛庙是清代以来蒙古草原上极为恢宏的建筑，一般而

言，"其规模之大小，虽因所在人民之贫富有所不同，其构造概系砖瓦，极宏壮之观则一也。中央建立正寺，周围复设陪寺，为大小喇嘛之住室，鳞次栉比，宛若市街。俗呼之曰喇嘛庙之四周，多筑土壕，上立小竿，竿上悬书经文之布幡，用别灵域于俗界。在蒙古境内之建筑，以王爷府与喇嘛（庙）为最华丽，比之一般人民住所，实有霄壤之别，尊卑之级，甚为显著云"[35]。召庙寺产主要是一定面积的土地，这些土地包括牧场、耕地与城镇寺院周围的地铺三种形式，[36]这些召庙所属牧场及耕地也在清代被大规模垦种，就寺庙所属耕地及牧场地域分布而言，有耕地的寺院多分布在漠南农业区，清后期在漠北地区也出现了对召庙所属牧场土地的垦殖。[37]这些召庙土地的主要经营方式是租佃给蒙汉民人及沙毕纳尔[38]耕种或经商、居住，召庙从中获利（图11-27）。

如因宗教而兴起的城镇及商业中心库伦，"库伦为蒙古之首府，商务最盛。约建于一六五〇年，初只为一寺院，且时时迁移。于一七七九年

图11-27　萨冈彻辰文化博物馆梅林庙（白林云摄影）

图 11-28 商号（鄂尔多斯博物馆供图）

起，始固定于一地，在图拉之北岸。该院后逐渐扩大，终乃成为中国及俄国代表驻留之处。而在商务方面之地位，亦渐重要……库伦镇内之寺院甚多，其主要之寺院，居于中心。四周有中俄人民之居地，中有宫院及一切行政机关，并有市场、商店、工厂、中国戏院、俄国建筑物等。院之东为俄国工厂，距厂约四五里，则为中国买卖城"[39]。可见，因大肆兴修寺庙而出现的寺院经济、集市与定居聚落等也是清代蒙古草原上的新型土地利用方式，且对环境变迁造成了一定影响，同时也导致游牧生产方式利用者发生变化，人数也有所减少，这对于自然环境与社会生活变迁产生了深远影响（图11-28）。

与汉人一样从事农业生产的沙毕纳尔（"黑徒"）也同样值得关注，沙毕纳尔被视为寺院经济的最主要劳动力。具体而言，"沙毕纳尔是寺院的属民，世代为寺院服务，不承担世俗劳役。沙毕纳尔主要来源于封建主的捐献，其中也有为了逃避不堪忍受的赋役或因生活无着被迫投身寺院，沦为沙毕纳尔者"[40]。沙毕纳尔的

图11-29　金刚座舍利宝塔（五塔寺）（呼和浩特博物馆供图）

多寡直接影响到寺院土地的开发，仅嘉庆二十四年（1819年）归化城十三座寺院黑徒人数为无量寺（大召）25人、延寿寺（席力图召）294人（家属720人）、崇福寺（小召）162人、庆缘寺37人、灵照寺（美岱召）4人、广化寺27人、慈寿寺3人（家属17人）、崇禧寺26人、崇寿寺30人、尊胜寺16人、宏庆寺14人、隆寿寺66人、宁祺寺5人，共有黑徒709人，若加上黑徒家属，以上十三座寺庙黑徒人数达1446人。[41]以上黑徒人数尚未统计无量寺等十一座寺庙的黑徒家属，如此看来，这一时期的黑徒人数应更多（图11-29）。

具体如五当召，嘉庆四年（1799年），本寺拥有黑徒549人；到了嘉庆五年（1800年），新增黑徒52户、213口。[42]光绪时期部分归化城地区召庙的黑徒人数如《蒙古及蒙古人》中的记载：席力图格根的黑徒人口数有一千余，属不同民族，但大多数为土默特人，也有一些人是蒙古族的其他支系，甚至还有唐古特、藏族等其他民族。席力图格根有自己的土地供这些沙毕纳尔造屋居住。归化城各召庙拥有3580余口。[43]这些寺院土地的开发建设及农、牧业生产终清一代都一直存在，且是较成规模的发展。又如五塔寺，寺院大喇嘛等50余人在塔宾格尔板升嘎查占有耕地，与当地"民人"一同耕种；部分寺庙也把香火地分给沙毕纳尔耕种，并对耕地收获之粮规定为"每一石粮中提取三桶交与寺庙"[44]。这些也是寺院的重要财富来源。

# 二、社会生产及生活的变迁

随着对蒙古诸部的征服，清朝将蒙地纳入直接统治区，尤其平定准噶尔叛乱之后，更是在蒙地创造了长久的和谐局面。此外，在蒙地推行盟旗制度、黄教政策，也增加了农牧民族之间的沟通。因此，明清两代出现了农牧民族之间深层的交融，尤其是到了清代，汉、蒙、满、回等多民族在蒙古草原上的长期交流互动，更是推动了中国统一多民族历史的发展。

## （一）畜牧业衰落与农业的快速发展

在历史时期的蒙古草原上，游牧经济始终占据着主导地位，虽在某些历史时期或部分草原区域内也出现过或存在一定的农耕经济，但大多数情况下是以游牧经济为主导的农牧业混合经济。[45]虽然游牧民族也会发展一定的农业，但多是粗放的满撒子式农业，农业生产存在较大随机性与不稳定性，人们更多关注的是如何维持游牧经济的发展，农业多是依附性的存在。清末冯诚求考察赤峰地区时记述道："蒙人种地谓满撒子，不锄，亦不知亩数，以播种计。每日约四升，去岁播种十日者，收糜子150斗。"[46]由此可见，粗放的农业生产虽然难以保证有收成，但是这样低投入且可能有产出的模式，也没有影响到其以游牧经济为主导的生产模式，且被游牧民族进行持续性利用（图11-30—图11-32）。

到了清代，蒙地农业生产虽然仍旧存在一些较为粗放的生产模式，但是整体的农业得到了前所未有的快速发展。促进蒙地农业发展的成因中，向边地移民屯田仍是戍边及维护边地秩序与巩固统治的重要方式之一，且清代边地屯田在清初就已逐步出现并

图 11-30 伊克昭盟盟长印（鄂尔多斯博物馆供图）

成为有清一代开发蒙地的主要手段，根据《陕西省民赋役全书》的统计，"顺治七年至顺治十一年（1650年—1654年），共垦殖11171顷土地进行农业生产"[47]。尤其是在对准噶尔用兵与平定准噶尔叛乱之后，在蒙地尤其是近边的唐努乌梁海及科布多等地进行了大规模屯田，康熙五十五年（1716年）时，《命副都统苏尔德管理图古里克都尔博勒金喀喇乌苏等处屯田事》中对此时期蒙地屯田事宜介绍道：

谕议政大臣等曰：巴里坤、科卜多、乌兰古（固）木等处种地之事，甚属紧要。若种地得收，则诸事俱易，著会议具奏。寻议曰：开垦田地，现今公传尔丹等，率土默特人一千往乌兰古木等处耕种，所需牛种田器，应今都统穆赛等支帑购买，发

图 11-31　鄂尔多斯左翼中旗札萨克印（鄂尔多斯博物馆供图）

图 11-32　鄂尔多斯右翼前旗银印（鄂尔多斯博物馆供图）

图 11-33 清布公文袋（呼和浩特博物馆供图）

往军前赎罪人等，有原耕种者，许其耕种，俟收成后，以米数奏闻议叙。又前者尚书富宁安奏言：哈密所属布鲁尔图古里克接壤之处，并巴里坤、都尔博勒金、喀喇乌苏及西吉木、达里图布、隆吉尔附近之上浦下浦等处，俱可耕种。应各令人耕种，给与口粮牛种。再兵丁有原耕种者，亦令耕种，俟收成后以米数奏闻议叙。尚书富宁安，现驻劄肃州，凡肃州附近之西吉木、达里图布隆吉尔等处，可令富宁安酌量耕种。图古里克、都尔博勒金、喀喇乌苏等处耕种之事，令大臣一人管理，奏入得。

上曰：依议，著副都统苏尔德前往管理，是冬苏尔德奏言，都尔博勒金、图古里克、喀喇乌苏所种地，并收获。议政大臣等议：令苏尔德预备牲畜器械籽种，为明年计，奏入（图11-33）。[48]

由此可见，向边地移民及土地开垦在清代成为官方主导下的行为，且受到清政府的大力支持，并积极倡导与调动当地民众参与，以实现维护边地安全的目的。此外，在蒙地发展农业也是康熙时期维护蒙古地区安定的方略之一，如康熙三十七年（1698年），原任内阁大学士的黄茂等前往蒙古，请训旨，上谕之曰：

蒙古之性懒惰，田土播种后，即各处游牧，谷虽熟，不事刈获，时至霜陨穗落，亦不收敛，反谓岁歉。又因盗贼众多，将马畜皆置之近侧，夜则圈之宿处，以致马畜瘦毙，生计窘乏。且蒙古王、贝勒、贝子、公等俱各承袭父爵，年在童稚，率皆不能教养所属，安辑民人。兼之族类性贪，见所属有马牛刀带诸物，亦必索取，遂至困苦难存，四散糊口，不能禁止，亦不能收集。是以人皆穷乏，尔等至彼，查明实无生计者……蒙古地方多旱少雨，宜教之引河水灌田，朕巡幸所至，见张家口、保安、古北口及宁夏等地方，皆凿沟潴引水入田，水旱无虞（图11-34）。[49]

可以发现，向边地移民与土地开垦成为重要的国家官方行为。不仅如

图11-34　牧区蒙古包（鄂尔多斯博物馆供图）

此，康熙时期也多次派人到蒙地教人垦地耕种，康熙帝就此也指出："口外原系荒凉地面，自朕行开垦之令，到处耕桑，无殊内地矣。"[50]《萨属善里九旗四村公众遵断复整水利碑》也载："窃闻圣祖仁皇帝亲征奏凯，犒赏旗师，倍加饷项，始将大小黑河下游之地分化九区，招民认种，名之曰善里九旗四村，按亩升科。"[51]因而可见，此时期土默特川平原已形成了具有一定规模的农耕社会生活格局，据此而论，口外蒙地尤其是河套地区的开垦时间应更早，但在更广阔的蒙古草原上进行土地开垦则是出现在清中后期（图11-35）。

清初的移民及土地开垦早在顺治及康熙时期就已出现，尤其是到了康熙时期，随着清朝对边地统治的逐渐确立及巩固，向边地移民及土地垦种也迅速开展，不仅规模较大，且开发程度也较为深入。如康熙五十七年（1718年），甘肃巡抚绰奇疏报："金塔寺地方，安插民人三十五户，西吉木地方安插民人二百七十户，达里图安插民人五百三十户，锡拉谷尔安插民人一百六户，俱经盖造房屋，分拨居住，耕种地亩收粮。"[52]同年（1718年），议政大臣等议覆靖逆将军福宁安疏言："西吉木设立赤厅卫，达里图设立靖逆卫，各添设卫守备一员；锡拉谷尔设立柳沟所，添设守御所千总一员，再添设同知通判各一员，兼管二卫一所。"[53]再如乾隆时期的戍边屯田，陕甘总督于乾隆二十三年（1758年）上奏清廷提出："奉上谕：军营屯田事关重要，随时鼓舞屯田兵丁，令其筑墙、建造土房，俾伊等各得栖身之所。由是开

图 11-35　草原（鄂尔多斯博物馆供图）

辟地亩渐加宽广，将来收获自必充裕，可以无需自内运粮，此永远可行之事也。至令屯田兵丁筑墙建屋，亦不得徒劳其力，酌量给与饭食之费。"[54] 由此可见，清朝统治者对于戍边及边地屯田给予了高度重视，这同时也促进了蒙古草原这一边疆地区的土地开发与建设，上述陕甘等地的屯田由于地理区位的邻近，也对其北侧的蒙古草原产生了一定影响，有时甚至是将陕甘等地屯田所产粮食运至蒙古草原上，以补充当地生产农产品之不足，产生了极为深远的历史影响（图11-36）。

移民及屯田是清政府官方主导的边地开发政策，上行下效，各级官吏也自然对屯田极为重视，但多为迎合统治者和政府的政策，对于部分边地是否适宜屯田等并无认真考察，其中就存在追求屯田的数量而对边地土地进行无节制的大肆开垦的现象。如《募民屯田于嘉峪关外》的记载：

上曰：于达里图等处耕种，田苗茂盛，丰收可期，但军需莫要于粮米，臣复细访，自嘉峪关至达里图可耕之地尚多，肃州之北口外，金塔寺地方，亦可耕种，请于八月间，臣亲往遍行踏勘，会同巡抚绰奇，募民耕种外，再令甘肃、陕西文武大臣，及

地方官，捐输耕种，无论官民，有原以已力耕种者，亦令前往耕种，俟收获之后，人民渐集，请设立卫所，于边疆大有裨益。

得上曰：著议政大臣，九卿詹事科道会议具奏，寻议曰令富宁安会同督抚等，同往踏勘，详议具奏，奏入。

上谕议政大臣等曰：踏勘垦种地方，及设立卫所之事，令富宁安会同督抚，踏勘之议不合，富宁安系驻劄肃州管理军务之人，不宜派往，著巡抚绰奇将可以垦种地方前往勘明，会同富宁安确议具奏，寻富宁安疏报巡抚绰奇，勘阅肃州迤北可以开垦之处甚多，度量河水所溉田，金塔寺可种三百石。自嘉峪关至西吉木，可种一百三十石，达里图可种一千一百余石，方城子等处可种五百余石，臣查今岁西吉木、达里图，布隆吉尔三处耕种，共收粮一万四千余石，明年，诸处请动正帑，遣官募民耕种，议政大臣等议，如所请，从之（图11-37）。[55]

由上述资料记载可以发现，向边地移民及进行土地垦种，以及由于土地垦种而吸引更多人口的聚集得到了清政府的大力提倡与支持。边地土地垦种在短期内对自然环境的破坏尚不明显，且边地农业开发也在当时交通运输不便的情况下，对边地驻兵生活、巩固边地安全及养活更多人口等

图 11-36　清彩绘"狮狮如义"图木帽盒（鄂尔多斯博物馆供图）

图 11-37　清彩绘木箱（鄂尔多斯博物馆供图）

图 11-38　清漆绘缠枝葡萄纹三层兽医医疗器械用具箱（鄂尔多斯博物馆供图）

有所裨益。但是从长远来说，大量农业生产及农业人口在边地及蒙古草原南缘的出现，是对游牧生产方式的极大破坏，直接导致原本放牧牲畜的草原成为农业区或农牧业交错分布区，这带来的环境代价无疑也是巨大的（图11-38）。

　　具体就内蒙古黄河流域而言，农业的出现对蒙汉民族融合与当地的自然环境与社会生活变迁等产生了深远影响。较为典型的如河套地区，清代河套地区出现了"河套夹岸，沃壤千里。冈阜衔接，旷无居人，舟行数百里，始一逢村落。是地沙土杂糅，投种可获，岸旁衰草长二三尺，红柳短柏，随处丛生。红柳高四五尺，春晚始萌芽，叶碧似柳，枝干皆赤色，柳条柔韧，居人取织筐筥，色泽妍丽可爱"[56] 的田园景象，这一田园景象的出现是受到清代蒙地移民及土地开垦的直接影响，并导致当地自然环境发生剧烈变迁，尤其是部分地区出现了严重的环境恶化（图11-39）。

　　到了清代，内蒙古地区乡村聚落的出现与汉人移民以及蒙地开垦密切相关，同时也加速了当地人口的聚居。就鄂尔多斯地区而言，自清代放垦蒙地以来，山陕地区的贫苦农民迁

图 11-39　清木质梳妆匣（鄂尔多斯博物馆供图）

入鄂尔多斯地区，当时山陕地区之人也将鄂尔多斯称为"草地"、"后草地"或者"蒙地"。起初，并不允许前来垦地的汉民居住，只能"跑青牛犋"。春天，他们赶着牲口来到口外，拉上"二饼子车"和犁、耧等农业生产工具，到租住土地之处，开始开垦种地，他们就地挖坑，上面拍土，架上椽子，搭上柴草，抹上草泥，搭建起窝棚，这就是安家落户了。他们在口外辛苦耕种半年，到了秋天，再把交租后剩下的粮食拉回口内，年年如此往返，被称为"跑青牛犋"。段友文在鄂尔多斯达拉特旗做田野考察时，就

吉格斯太乡刘家壕村村民WSF祖先"跑青牛犋"经历记述道：

我们祖上是陕西府谷的，那会儿陕西穷，过不下去，我爷爷就带上我父亲来了内蒙。刚来的时候都是租蒙人的地，租完到收成的时候看是二八股还是三七股分成。这儿的汉人每年收完就回口里，我们王家最早也不在这儿住，开春种地的时候来这刘家壕，收完秋给人家把租子一交就回老家，回去过个冬，等开春再来，年年都"跑青牛犋"（图11-40）。[57]

由此段田野考察资料可以发现，最初"跑青牛犋"的方式是来到口外进行土地开垦，周而复始，年年往返于口内与口外之间，在往返途中不仅有遭遇土匪或被抢劫的风险，同时也增添了往返成本，故而随着时间的推移，越来越多的口内人开始到口外进行长期定居与土地垦种。随着移民的逐渐增多，在适合农业生产的地区也逐渐形成了定居村落，如段友文在达拉特旗解放滩乡马技民村做田野调查时遇到一位老者，通过访谈得知其迁入早期的艰难求生之道，以及由定居

图 11-40　巴彦淖尔境内的黄河（白林云摄影）

图11-41　农具二饼子车（白林云摄影）

而逐渐发展起来的定居聚落，以下为其所述（图11-41）：

　　我们来那会儿这地方纯粹没些汉人，刚来就在塔儿召正北黑三营子（方言：村子）了，这南面住的我一个姑姑，再往东住的邬锅扣家，再就是凤茂城住的一家汉人，这一道沙梁再就连个人家也没。那会儿我们来这些地方甚也没，净草，那毛荒野草人进去就划河浪了，人稀，没牲口。就那会儿那南面（内蒙古以南的陕西地区）的汉人遭上年馑，净朝"口里"上来割洋烟（罂粟）了。塔儿召这一

路往西有拉骆驼的，你听哇，睡觉起来就叮叮咚咚地往过走。

　　汉人来了开地种地，那会儿遭年馑，不下雨。我们吃了三年灯香、绵蓬才见上米，就喝灯香稀粥，吃灯香窝窝、绵蓬窝窝、灯香炒面（图11-42）。[58]

　　可以发现，最初来到口外的土地开垦拓荒者的生活是很艰难的，但在口外长期生活也逐渐促进了村落的出现。因此，因汉族移民及蒙地开垦而出现了相当数量的农村及城镇，出现"大同府周边散居土默特各村落的

810

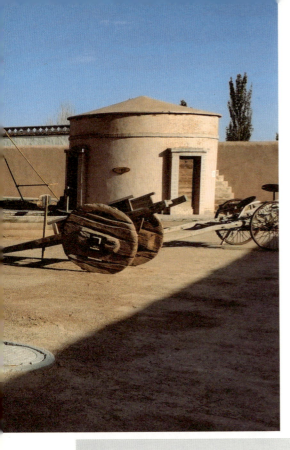

汉民就有2000多家，而归化城外尚有五百余村，更不知有几千家矣"[59]。清代大青山下的草原上也出现了"山西人携家开垦"的田地及定居的村落。[60] 具体如张北县，"雍正年间，坝下初行开辟人口不过三万余口，延至十七年，人口增至二十万以上"[61]。如集宁县，因大量人口迁入，出现"户口滋繁，积户成村，积村成县，星罗棋布，村镇纵横"[62]。又如清水河厅，"清水河厅所辖之属，原系蒙古草地，人无土著，所有居民皆由口内附近边墙邻封各州县招

图 11-42　农具犁（鄂尔多斯博物馆供图）

徕开垦而来，大率偏关、平鲁两县人居多"[63]。再如包头，"自清初，内地人民始因贸易，继以农垦，渐次来包。然春来秋去，合伙经营，罕有携眷属而成立家室者。迨后土地日辟，农商渐繁，携家来包，相沿成风，安居乐业，竟成第二家乡。房屋栉比，蔀室腾欢，鸡犬相闻，始成村落。然后守望相助，出入相友，公会组织，户口编制，循自然发展之顺序，而又成为镇"（图11-43）。[64]

由此可见，开垦土地的第一步是发展农业，而后带来的则是人口的逐渐聚居，这也促进了定居村落与城镇的兴起。虽然向蒙地移民在清初已被严格限制，但民间私自移民始终没有终止，加之清后期的政策性移民，导致大量移民涌入，随之而来的土地开垦也加速了蒙古草原上的蒙汉民族的交流与融合，如清

图 11-43　归化大南街（内蒙古博物院供图）

末时的包头地区的定居聚落情况，见《包头市志》的记载：

包头城乡居民所住之房屋，多半皆土坯之房屋，后高前低，一门两轩。室内皆设土炕，与灶相连，故冬日和暖，仅铺芦席，富者加以毡毯足矣，乃朔方居民避寒之法，妇孺非此不暖也。夏日则用凉灶炊爨，室中不热。农民则下田野工作，夜晚恒露宿以为常，以防绑票，故膝腿疼者十人而九，受风湿故也。且妇女多缠足者，气血不流通，且多嗜鸦片，故妇女之寿与男子为1/2之比，五十岁者绝少，三四十岁者即居少数矣。可见常识缺乏，不讲卫生。居家多不洁净，空气亦不流通；且多人聚居一室，甚至父媳、兄妹、母子均可同炕而寝，在内地为绝无之事……市城之院内，房东有喂养猪、羊、鸡、狗者，不施以圈栅锁禁，任其自由出入，粪污满院，扰害住户，侵及四邻，殊属不合，应改良者二也。[65]

此外，《包头市志》中还就包头城市聚落的发展历程及在西北地区经济社会与对外交流中的作用继续写道：

包市为西北都会，侨居者多，土著甚少。因古无村落，五方之人聚处于此，春来秋往，原属流动性，故以

行旅为习惯。寄居日久，始筑家室，然春日下乡，秋日回城，仍存昔日之风。试查包市之户口，冬日必较夏日多也。况农户以外，即为商户，往来贩运，视为当然，道路奔驰，养成习惯；且携眷者少，孤身者多，既乏室家，终年羁旅，以派班回家为商号之惯例，故不以行路为苦，恒以为最乐之事也。[66]

由此可见，移民及土地开垦导致蒙地社会发生变迁，尤其是蒙汉融合社会形态的形成，这也是两种社会形态碰撞与交融后出现的新社会现象（图11-44）。

值得注意的是，清代蒙地出现的大规模移民及土地开垦并不表明当地的游牧经济被农业彻底取代，其中移民及土地开垦程度较深的绥远地区，清代以来其大部分土地已被垦为耕地，不过所饲养牲畜数量也不在少数，再如此地区"民人"之日常生产与生活之状况，具体如《绥远通志稿》所载：

至本省居民，其初口外也，多为晋北农人，租种蒙地垦荒而外，又多营养牛副业，亦有以孳生羊只为主要，而辅之以农业者。耕牧最早之地，为今归、萨、和、托各县，当时土广人稀，水草平滩，所在皆是，最宜牲畜，且较农事省工利厚而足以赡

图 11-44 南海子码头（包头博物馆展厅场景）（白林云摄影）

身家，于是因利乘便，多则百数十只，少或至数只，量力购牧，反复蕃滋，隔年出售，留羔长养，俗谓之存羊，经营多年，往往赖此起家，故土人在昔年农村中，稍有积蓄者，类多为存羊之家，而所谓农业者，即使食用有余，亦每年因年丰粮价甚贱，难获厚利。必遇歉岁，存粮者始可居积以取赢，然此皆大户致富之术，非小农之所敢望也。若小农则年非借数羊或十数羊之售价，不足以宽裕其生活，盖小农所种旱地，收量有限，每年就草场之便，带牧羊只，其事固易为也。[67]

由此可见，商业的发展带动了清代内蒙古地区畜牧业的繁荣，这也导致当地逐渐增多的聚居人口及超载放牧的出现。然而绥远地区农牧业生产并存、蒙汉民族之间的和谐生活画面也体现了此时期民族融合的发展变迁趋势（图11-45）。

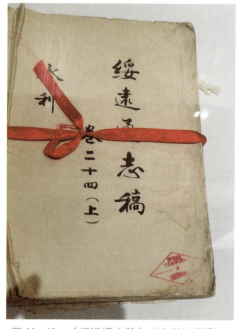

图 11-45 《绥远通志稿》（白林云摄影）

## （二）以农业生产为核心的社会变迁

农耕民族的生产需要开田辟地、兴修水利与精耕细作，不仅费时费工，而且还会大肆破坏土地的土壤结构及其原初植被，尤其是在古代生产力水平较差的情况下，土地一经垦种，便世代相承。尤其是南方温暖湿润地区的农业是一年多季种植，种植的过程中也需要人的精心照料，农业生产的各个环节都离不开人的参与，这也就将农耕民族紧紧地束缚在土地之上，人地之间的关系十分稳固（图11-46）。

在非突发自然及人为灾害的情况下，农业生产能够保证年年有收成，农耕区生活的人也往往足不出乡里，行限本地。诚如韩茂莉所说的那样："村庄是村民生存的基础，以此为基础环绕四周首先有赖以生存的农田，随之有因血缘生成的家庭、家族以及远亲近邻，这一切是村民物质生存与精神依托之本，因此，村落是乡村社

图11-46 晋陕蒙分界处鸡鸣三省黄河风景（高兴超摄影）

会任何一个成员的基本空间。"[68]作者继而指出："耕作半径的中心是村落，乡村中最小的社会单元是家庭，维系家庭的根本是代代相承的血缘关系以及共同劳动对于财产的拥有权。走出家庭，将村民结合在另一个社会圈层之中的是亲戚、宗族。无论父亲的亲戚、母亲的亲戚，还是父亲亲戚的亲戚、母亲亲戚的亲戚，依据中国传统五服之分，均具有远近不同的血缘关系，血缘将一个家庭与另一个家庭维系在一起，共同形成宗族。乡村生活中，若没有足够的根基，单独的家庭难以成事，独木不成林，但凡遇有危难，宗族的力量往往成为依靠，因此，认祖归宗的意义不仅仅在于血缘认同，更在于相互支援。"[69]

清代以来，随着蒙地开垦及大量汉人进入蒙地，更是形成了农业、半农半牧业、游牧业及各经济类型交错分布等多个经济类型区。尤其是在蒙汉接触地带，相当一部分蒙古族人放弃游牧经济而从事农业或商业，如《归绥道志》中记载：

民人一体编户籍，即成土著，必致占蒙古之牧地，碍蒙古之生计，则有必不然者。查土默特部附近边内，其服食起居，竟与内地民人无异，渐至惰嬲成性，有地而不习耕耘，无畜而难为孳牧，惟赖汉人垦种其地，始有粮可食，有租可用。现在该蒙古以耕牧为生者十之二三，藉租课为生者十之七八。至该旗所谓游牧地户口地者，自康熙年间以来，久已陆续租给民人以田以宅，二百年于兹矣。该民人等，久已长其子孙，成其村落，各厅民户，何止烟火万家（图11-47）。[70]

由此可见，由于迁入的农业人口与土地开垦数量日渐增多，围绕着农业生产与生活而出现了大量的定居村落，村落也成为清代以来内蒙古黄河流域最为重要的一类改造自然环境后的人造景观（图11-48）。

此外，清代是中国历史上人口数

图11-47　骡驮轿子（鄂尔多斯博物馆供图）

量飞速增长期。根据李中清对清代中国人口数量的研究："自1700年开始，中国出现了人口大爆炸，由1.75亿到2000年增长到13亿，增长七倍之多。期间分为三个阶段：1700年—1800年为第一阶段，呈直线上升趋势，从一亿多人增至四亿人；1800年—1950年为第二阶段，呈缓慢增长趋势，从四亿人增至六亿人；1950年至今为第三阶段，呈快速增长趋势，从六亿人增至十三亿人。"[71]中原地区人口的大量增加，无疑加剧了人地之间的矛盾，在当时社会生产力水平条件下，转移本地区过剩人口到地广人稀处是极为有效的措施，因而向人口稀疏的边地（东北及蒙古草原等地区）移民得到了政府的关注与支持，这也进一步促进了蒙古草原上的人口增长，且以迁入的汉族

图11-48　修筑围棚（鄂尔多斯博物馆供图）

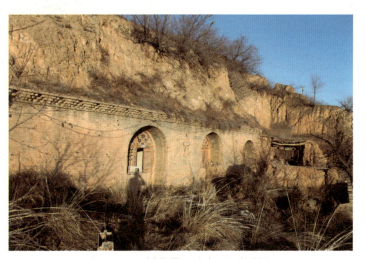

图11-49　村落民居（高兴超摄影）

农业人口及其后代增长的速度为最快（图11-49）。

汉族移民的大量进入与成片汉人聚居区的形成直接冲击了蒙古社会的原有格局，据统计，乾隆十二年（1747年），内蒙古地区有汉人30万户；光绪七年（1881年），丰镇厅一

图 11-50　村落（高兴超摄影）

地就有汉人21819户；民国元年（1912年），内蒙古地区（除察哈尔、阿拉善、额济纳等地）有汉人3956339人。[72]汉族人口的大量进入必然影响与改变其所到地区蒙人原有的生产及生活方式，如赤峰地区，当地社会经济发展因汉族持续进入及农业种植区域扩大而出现了"移民—本地居民""汉族—蒙古族""农业—牧业"[73]的矛盾与冲突。但内蒙古黄河流域的这一社会格局变迁在清前期就已普遍出现。如康熙二十八年（1689年），法国传教士张诚途经归化土默特地区时对当地社会生产及生活情况记述道："这块平原上有许多树和一些土房子，那儿由属于鞑靼人的、并被遣送到这里的中国奴隶定居和耕种土地。这块平原中的几块地犁过的，有的地方是肥美的牧地，其他一些土地则干燥而贫瘠，我们的帐篷占了很大一片地。"[74]可以发现，早在17世纪末期，内蒙古的部分草原区域就已经出现了农耕田园式的社会生活画面（图11-50）。

除迁入的农业人口与土地开垦对蒙地社会变迁产生深远影响外，清朝建立之后，在蒙古草原上推行了"盟旗制度"，这一制度的推行对于游牧经济衰落与蒙汉民族之间交融的影响也很关键。清代盟旗制度下的游牧生产活动范围逐渐缩小，各旗的游牧范围被限定在本旗内，甚至在各旗内也限定了更小的游牧范围。盟旗制度的推行主要是为了防止蒙古草原上各盟旗之间的联系，达到分而治之的目的。[75]根据丁世良等的考察，清代蒙人游牧，"于夏季，则各在其所隶属之旗境内，选择牧草繁茂之地筑蒙古包而居；其移居之一区域，自有一定，绝不随意转移。此为蒙古旗内之土地概有界限，其族由何处至何地，各有一定之区域内，求水草良好之地而转移耳。超越旗境游牧者，实为罕见"[76]。建立于盟旗制度基础之上，游牧生产及生活逐渐被限制于旗界范围内甚至是更小的区域，严禁越界放牧，这也直接导致游牧生产方式在这一时期发生深刻变革（图11-51—图11-53）。

严禁越界放牧的提出，在清朝建立初期也有恢复蒙古草原上游牧经济的目的，清廷提出了"编入旗伍，安插牧地，赐以牲口"[77]的政令，对于游牧生活，清廷在盟旗制度基础上，对蒙古地区做了具体规定，并严格限制跨越旗界放牧，如天聪八年（1634年）时，就严令禁止越界放牧，并对

此规定道："既分之后，倘有越此定界者，坐以侵犯之罪。"[78]在盟旗制度上严禁越界放牧，也是清代"定牧制度"的体现。所谓定牧制度，主要包括两方面内容："其一，旗界定牧；其二，旗内定牧。不仅禁止越旗放牧，而且在旗内也有游牧界线。"定牧制度确立，严禁越界放牧，对越界放牧者予以严厉惩处。根据清政府规定，对越界放牧者予以严惩，具体惩罚内容包括：

国初定，越境游牧者，王罚马十匹，札萨克、贝勒、贝子、公七匹，台吉五匹，庶人罚牛一头。

又定，越自己所分地界，肆行游牧者，王罚马百匹，札萨克、贝勒、贝子、公七十匹，台吉五十匹。庶人犯者，本身及家产，均罚取，赏给见证人。（《大清会典事例》卷九百七十六，《理藩院·耕牧》中也载："外藩蒙古越境游牧者，王罚马十匹，札萨克、贝勒、贝子、公七匹，台吉五匹，庶人罚牛一头。又定越自己所分地界，肆行游牧者，王罚马百匹，札萨克、贝勒、贝子、公七匹，台吉五十匹，庶人犯者本人及家产皆罚，取赏给见证人。"）

康熙元年（1662年）题准，各部蒙古，不得越旗畋猎。

康熙十九年（1680年）题准，蒙

图 二-51 清代乌拉特蒙古妇女银嵌珠头饰（内蒙古博物院供图）

图 11-52 清代鄂尔多斯部蒙古妇女头戴（鄂尔多斯博物馆供图）　图 11-53 清土尔扈特蒙古族镶珊瑚宝石女帽（阿拉善博物馆供图）

古札萨克王、贝勒、贝子、公、台吉等，有因本旗地方无草，欲移住相近旗分及卡伦内者，于七月内来请，由院委官踏勘，勘实准行。若所居地方生草茂盛，甚于所请之处者，将妄请之札萨克议处。至他月来请者概不准。

康熙四十七年（1708年）覆准，鄂尔多斯贝勒所属蒙古人等游牧地少，嗣后于黄河西河之间，柳延河之西，所有柳墩、刚柳墩、房墩、西墩，均以西台为界，自西台之外插汉拖辉处，暂许蒙古游牧。至宁夏平罗营一带地方人民，原于插汉拖辉采取柴薪令，限一月内采取五次，其采取时给与号牌，着人监管，来往之人，交令该地方官严察。

康熙五十一年（1712年）议准，插汉拖辉地方，前于四十七年暂给蒙古游牧，今居民不便耕耤，若久杂处，必至争讼，嗣后以黄河为界，永禁游牧。

雍正五年（1727年）议定，越自己所分疆界肆行游牧者，王、贝勒、贝

821

子、公、台吉等，无论管旗不管旗，均罚俸一年，无俸之台吉及庶人犯者，仍照旧例罚取牲畜（图11-54）。[79]

由以上记述可见，清廷对蒙古草原上的游牧生产及生活活动严加限制，尤其是越（旗）界游牧被严令禁止，且随着清政府对蒙古地区统治的逐渐巩固，也将游牧范围逐渐限定于旗内更小地区，这也导致传统大规模游牧向旗界范围内小范围游牧的转变。就惩罚力度而言，也是较为严苛的，轻者罚没财产（主要是畜产）、重者危及犯罪者本人甚至全家的生命

安全，这也直接打破了蒙古地区传统的游牧生产与生活方式，导致此生产与生活方式在此时期发生深刻变迁并渐趋走向衰落（图11-55）。

盟旗制度之下，严格划分旗界及旗内游牧界限，如内蒙古六盟之游牧概况，见《小方壶斋舆地丛钞》记载：

内蒙古六盟：在京师北凡四十九旗游牧，东为哲里木盟，其西迤南为卓素图盟，迤北为昭乌达盟，之北为锡林郭勒盟，是为东四盟。东三省及直隶边外，东起杜尔伯特旗，当嫩江东

图 11-54　清开光花卉纹景泰蓝大盘（鄂尔多斯博物馆供图）

图 11-55　清动物花草纹珐琅银酒壶（鄂尔多斯博物馆供图）

岸，北与黑龙江齐齐哈尔城接，东与呼兰城接，其南为郭尔罗斯后旗。[80]

当地具体游牧区域划分及游牧地域范围等如下所述：

当山西、陕西、甘肃边外，东起四子部落旗，有锡喇察汉泊——南与察哈尔右翼四旗接，其西为喀尔喀右翼旗；有阿勒坦托辉泊，其西为茂明安旗，当爱布哈河源自喀尔喀右翼旗至此。南皆与山西、归化城、土默特接，其西为乌喇特中前后三旗同游牧。当河套之北岸在噶扎尔山之南，

其南为鄂尔多斯七旗，在河套内东西北三而距黄河，南接陕西边，西南接甘肃边。其七旗游牧东南起左翼前旗，其西北为左翼后旗，又西为左翼中旗，其西南为右翼前旗，其西北为右翼后旗，其西为右翼中旗，其依次于右翼前旗为右翼前末旗。东至吉林、黑龙江界，南至直隶、承德府、多伦诺尔厅、察哈尔八旗、山西、归化城、陕西榆林府、延安府界，东南至盛京界，西南至甘肃、宁夏府界，北至喀尔喀车臣汗部、土谢图汗部、三音诺颜部界，西至瀚海（图11-56）。[81]

**823**

图 11-56　清珐琅彩铜火柴盒（鄂尔多斯博物馆供图）

由此段叙述可以发现，明代蒙地游牧生产方式在使用范围及利用程度等方面遭受一定影响，但是清代以来内蒙古草原上的游牧业逐渐被农业所取代，则导致游牧生产方式出现深刻变迁，衰落也更加明显（图11-57）。

## （三）民族融合的加强与"万里茶道"的发展

游牧经济的衰落及农业的繁荣发展也体现出清代以来蒙汉民族之间的不断深入融合。蒙汉之间的融合也加速了农业在内蒙古草原上的推广及对游牧草原地区的逐渐占据，农业的发展（尤其是土地垦种范围的扩大）也进一步促进了蒙汉民族之间的交流与融合，如色音所言："蒙地放垦后，相当多的蒙古人抛弃了游牧生活方式，而转到经营定居的农业。内蒙古地区垦殖农业发展，使一部分蒙民，从原先单一粗放的游牧业生产中分离出来，逐渐转变为'有事南亩'的半牧半农的定居民。"[82]《归绥道志》对清代以来归化土默特地区草原游牧社会生活也记述道："蒙民杂处，勤力耕牧。"[83]蒙汉杂处是指此地区蒙汉民族之间在生活上的相互交流，而耕牧则表明农牧业并存成为这一地区的主要经济生活方式，且"由于放垦

图11-57　农牧交错地带（白林云摄影）

蒙地，一批批汉族农民像潮水一样涌入内蒙古地区。汉人的大量流入和耕地面积的日益扩大，使内蒙古社会的政治、经济发生了重大变化。这些变化引起了放垦区蒙古族人民在生产、生活和风俗习惯方面的一系列重大变化"[84]（图11-58）。

由前述可知，移民及土地开垦是蒙汉之间民族交流融合的体现，这还体现在蒙古草原地区由典型游牧区向农牧交错带的过渡。在移民及土地开垦的影响下，清代农牧交错带范围大幅度向北拓展，韩茂莉就认为到了清朝末年，不仅仅是大凌河至西拉木伦河这一传统的半农半牧区被广泛开垦

为农田，吉林及黑龙江等地也在移民浪潮的推动下遭到开垦，农牧交错带循着阴山转向大兴安岭东麓，此线以东、以南地区基本上是以农为主。[85]但根据前文对清代科布多、乌里雅苏台及土谢图汗等部出现农业生产的记述可以发现，农牧交错带的北界似乎又不止于阴山及大兴安岭以下，可能会更偏北。农牧交错带在清代蒙古草原上的拓展，则预示着农牧经济及农牧民族之间的碰撞与交融。

随着清代以来大量汉族移民进入蒙古草原，蒙汉民族之间的交流与融合逐步加强，游牧民族蒙古族自身也发生了深刻变迁，尤其是蒙人汉化日

图 11-58　清代蒙藏兽医器械（内蒙古河套文化博物院供图）

益深入，如清末吴禄贞考察蒙古地区后的记述：

　　蒙人本系图腾社会，沿边墙一带，汉人出关开垦日多，蒙人习见，遂知出租之利少，自种之利多，乃由牲畜时代进为耕种时代。如近设郡县各旗，皆农重于牧，操作一如汉人，但坚忍耐劳之性为稍逊耳。若有余地，则招佃（榜）青；至中等家，食则不自劳矣。其附近郡县各旗，老哈河以南农牧并重，惟所种漫撒子地不耕不锄，不加肥料，岁一易地，用力綦少，收获转丰，亦因蒙旗地广人稀，牛马粪料、草根腐叶，积久生肥，化瘠土为沃壤，况三四年始行耕种，地力不尽，收获自易。新垦之地，尤为美产。[86]

　　由此可见，围绕着农业生产而开展的各项生产与生活活动也已成为明清以来蒙古族的主要生存状态。但也需要注意到，蒙汉杂居也导致汉蒙之间的冲突增多，如《归绥道志》所载："口外五方，杂处客民，刁野成俗，细微事故，轻起讼端。"[87]这类事件在清代尤其是清末放垦时期发生得尤为普遍（图11-59）。

蒙汉民族之间的交流也促进了商业的发展，这也源于蒙地和平稳定局面的长期出现，并促进了经由蒙古草原通往其他地区的对外交流通道的形成，如"万里茶道"在清代的繁荣发展就是重要的表现形式。"万里茶道"是由清代山西晋商所辟的一条国际商道，根据清人彭衷干在《茶事杂咏》中的记载："清初茶叶均由西客经营，由江西转河南运销关外。西客者，山西商人也。每家资本约二三十万至百万。"[88]"万里茶道"大约形成于17世纪中后期，繁荣了两个多世纪后，在民国时走向衰落。[89]据统计，"万里茶道"全程长约1.3万公里，起自福建崇安（今武夷山），途经江西、湖南、湖北、河南、河北及内蒙古诸省，向北进入蒙古草原后从伊林（今内蒙古二连浩特）进入今蒙古国境内，穿越蒙古沙漠戈壁后经库伦（今乌兰巴托）抵达中俄边境口岸恰克图，继续向北进入今俄罗斯境内，然后由东向西延伸，依次经过伊尔库茨克、新西伯利亚、秋明、莫斯科、圣彼得堡等十几个主要城市。[90]"万里茶道"沿线覆盖了200多个城镇，见证了沿线各地因茶叶贸易而盛衰变迁的数百年发展历史，对蒙古草原的中外交流发挥了重要作用。

茶叶是"万里茶道"上最为活跃的商品，山西本不产茶，但精明的山

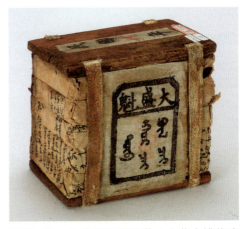

图11-59　大盛魁商号砖茶（内蒙古博物院供图）

西商人注意到蒙古族与俄国人对茶叶的巨大需求，在福建、两湖等地采买适合俄蒙客户需要的茶叶制成品，经由水路或陆路运至当时中俄边境的恰克图，再由俄商转运，最远至圣彼得堡等地。在清代，"万里茶道"曾是当时全球最具经济效益的商贸通道之一，尤其是从19世纪末期以来，"万里茶道"成为蒙古草原乃至全国被动地参与资本主义全球市场的一个途径，所以乌拉吉米索夫对此也发出感慨，"十九世纪的后半叶看见俄国的商业资本及部分的产业资本以蒙古的满洲'国境地带'为主，北蒙古喀尔喀，呼伦贝尔科布多地区，更进而往新疆进出。至十九世纪末及二十世纪的时候日本和欧洲的工商各界的关心注意到南蒙古及东南蒙古。于是全体蒙古人完全卷入于世界资本主

图 11-60　归化城骆驼商队（内蒙古博物院供图）

图 11-61　大盛魁运往俄罗斯恰克图的茶叶（内蒙古博物院供图）

义市场的势力范围里面了"（图11-60）。[91]

研究指出，"万里茶道"不仅成为近代中国引进外资、对外开放的有益尝试，而且为沿线国家近代工业化的原始积累做出了贡献，极大地推动

了中俄、中欧间的经济文化交流与社会发展。[92]因此，"万里茶道"的出现不仅极大地促进了清代中国与沙俄等国之间的经济及文化往来，同时也推动了沿线所经地区的城市带兴起与发展，成为清代以来北方草原丝绸之路新的发展阶段（图11-61）。

"万里茶道"虽然自近代以来已经衰落下去，但其出现的历史价值与现实意义都是值得深入发掘的。习近平总书记于2013年首次提出了共建"丝绸之路经济带"和"21世纪海上丝绸之路"（简称"一带一路"）的倡议，得到了国际社会的广泛关注和积极响应。"一带一路"倡议的提出和所取得的成果，是与中国悠久的丝绸之路历史文明与当代丝绸之路学术研究密不可分的。"万里茶道"作为清代以来北方草原丝绸之路新的发展阶段，沟通了中国与俄蒙等北部边界周边国家及地区，对此时期的中外交往发挥了重要作用。无论是在历史时期还是全球化趋势势不可当的当下，中国不应该盲目排外、固步自封，而要积极主动地融入这一浪潮中（图11-62）。

因而在当下中国"一带一路"倡议的时代背景下，中、俄、蒙三边贸易也成为中国对外贸易的重要组成部分，特别是中国自2010年成为俄罗斯第一大贸易伙伴的背景下，其对推动中国经济发展和少数民族聚居地区经济发展的意义

十分重要。[93]且内蒙古已被纳入"丝绸之路经济带"的范畴，因而以"万里茶道"为主要形态的北方草原丝绸之路正逐渐演变成中蒙俄的经济走廊。尤其是在2013年3月23日，习近平总书记在出访俄罗斯时特别提到"万里茶道"是联通中俄两国的"世纪动脉"。[94]因此，对于万里茶道的考察研究具有重要的历史与现实意义，需要深入发掘（图11-63）。

图11-62　包头市旅蒙商行商图（包头博物馆供图）

图11-63　《备茶图》局部（白林云摄影）

# 三、水利建设的成就

在农业生产过程中，水资源是必不可少的重要组成部分，但即便是有流经河流能够提供一定水资源，若是没有进行必要的水利建设，也是无法发挥水资源在农业生产中的作用，也无法保证农业生产的正常开展及顺利进行。在古代中国，开发水利以促进农业生产发展受到普遍重视，因而冀朝鼎就水利事业对于历史时期中国农业发展的影响指出："中国的各种地理条件造成了这样的事实：如果没有作为农业的完整组成部分的水利系统的发展，农业生产就决然达不到它曾经有过的高水平，也不可能出现具有高度生产性的农业经济所带来的半封建中国的繁荣文化。"[95] 由冀朝鼎所述可以发现，水利对于农业生产的重要性不言而喻，在清代以来的北方农牧交错带尤其是长城以北地区也是如此，农业生产的正常开展同样受到水资源及水利建设的极大制约，因而水

利建设也成为清代以来内蒙古黄河流域农业生产的重要表现，水利建设取得了重要成就，同时对当地农业生产的深入开展与社会变迁等都产生了深远影响（图11-64）。

## （一）水利建设的开展及过程

对于清代河套地区水利开发的缘起有这样一个传说，那就是"乾隆时期汉族之捕鱼者，足迹至此，得地于近河处，用桔槔取水，试行种植，大获其利"；但"实则明中叶，虽弃地于外，陕晋边民，固未绝迹，迨于清初，未之或改，特其地均在绥西一隅，蒙利汉租，汉利蒙地，当时虽有私垦之禁，而春耕秋归之习依然，惟仅就河引溉，水渠之利，未能大兴，则以负耒持锸于兹土者，究属少数耳"[96]。无论是传说起源还是明清以来因农业生产而起源，水利发展无疑

图 11-64　驼队（黄文伟摄影）

成为清代以来内蒙古黄河流域人类进行开发利用的重要表现形式。此外，民间始终流传着"黄河百害，惟富一套"之谚语，这句话也意在表明黄河之于河套水利建设与农业生产的重要意义。河套地区的水利建设历史可追溯至秦汉时期的戍边屯田，但在清代取得了较之历史时期而言最为迅速的发展，其历史影响也最为深远（图11-65）。

河套地区水利建设能够取得如此发展也与清代黄河由北道改为南道有关，如《绥远通志稿》的记载："套外地势，西南高而东北低，溯查康熙以前，河行北道，并无水利，自改行南道，蒙古始令素与交易之商，租种分佃，即就黄河水冲刷低洼处所，因地乘便，修成渠道。西则缠金，计共五渠；东则土人名为后套，共计三渠；中间叉渠曲折蜿蜒，不可枚数。而余水仍可退至河之旧道，由东北折向西南，绕过乌拉前山之西山嘴，归入南河。"[97] 黄河改以南河道为主流域且北道仍有水流，也奠定了两河道中部地区及南北河道两侧水利建设与土地开垦的基础。对黄河由北道改

图 11-65　三盛公水利枢纽（内蒙古河套博物院供图）

为南道的河道变迁及其对水利开发与
农业生产的影响，谭其骧先生有如下
论述："南北河经支位置之倒置，殆
始于顺、康而成于雍、乾之际。自后
遂以'新河'称向之'南河'，'旧
河'称向之北河。旧河日就涸废，
同、光以来，即不复以黄河目之，
改称乌加河，而'新河'遂独擅黄河
之名。至新旧两河之间，自经蒙旗放
垦，灌溉大兴，旧日支津岔流，不久
遂悉为人工渠道所代。"[98] 由此段
论述可以发现，黄河改道，两河之间
区域成为重要的可供开垦之地，同时

也为水利开发提供了极大的便利（图
11-66）。

　　黄河改道及水利开发之历史可追
溯至道光三十年（1850年），如《调
查河套报告书》的记载："河溢北
岸，决成一河，名曰塔布河，其水自
行地中，水过之处，皆成膏腴，所在
渔人，逐渐垦殖，岁收数倍。于是来
套种地者，始仿行开渠，如甄玉、侯
应奎、郭敏修、王同春辈父子，相继
亲友共营。一渠之成，或需时至数十
年，糜款至十余万，然能持以毅力。
卒开凿大干渠九道（后淤一道），小

干渠二十余道，而已成之渠，又必每岁浚其身，厚培其岸，故流益充畅。渐至溉田千百顷厥，功亦甚伟。光绪二十九年，贻谷督办垦务，各地户知地既归公，渠道亦难据为己有，遂先后呈请报效。贻谷派员勘收，并估计工程，集夫疏浚，酌加宽深，以畅水流，添凿支渠，以分水势，而后套渠道之利，遂与宁夏争衡矣。"[99] 由此可见，黄河决堤导致后套冲击形成了肥沃的土地，促进了当地的农业生产，为了配合农业生产也出现了

水利建设，据载：由于后套"雨泽稀少，农田专恃渠水浇灌，水所不到，虽腴壤亦弃为废墟"[100]。事实也表明黄河改道对河套地区水利建设与土地垦种产生了重要影响，促进了清中期以来向此地的大规模移民及土地开垦，据载："土本膏腴，渠又顺利，麦谷粱秫，种无不宜，以故山、陕、直隶无业之民，从前承佃到此，均能自立生业，此套外一带水利土宜之大略也。达拉旗牧界内台吉波罗搭拉地方，道光八年曾奉谕旨准其租给

图 11-66　巴图湾水电站旧址（白林云摄影）

图 11-67　流经鄂尔多斯的黄河（白林云摄影）

商种，五年抵还债项。嗣后奉部文而承种者有之，由台吉而私放者有之，由各庙喇嘛公放者有之，开垦甚多。"[101] 由此观之，黄河改道对河套地区水利建设及土地垦种产生了重要影响，河套地区也因此而扩大了可垦种土地范围并促进了农业生产（图11-67）。

　　清末贻谷放垦之前河套地区的水利工程多是民间自发修筑，[102]一些较小规模的水渠多为村民之间或村落之间自发修筑，较大规模的水渠则是由实力雄厚的地商组织修筑。此类民渠的数量更多，灌溉农田面积更广，据民国初年韩德章的调查，"民渠之较大的有黄特拉亥河、杨家河、兰锁

渠、德成渠、天德源渠、土默渠、皂火渠、邬家地渠、阿善渠、扒子补隆渠、三湖河等合枝干渠计之，灌溉面积达30余万顷"[103]。需要注意到，清代尤其是清后期以来，在河套地区的水利建设中，地商发挥的作用至为重要。如王同春，其虽然没有文化，识字不多，但有非凡的组织与领导才能，在河套经营50余年，积累了丰厚的家业，其一生在水利事业上的成就最为显著，根据苏希贤的统计，"50年间，他独立创开了刚济、丰济、灶河、沙河、义和5条大干渠；还开挖了270多条支渠。大干渠长者过百里，短者六七十里。干支渠加在一起，总长度有4000多里，宽有4丈、5丈、6

图 11-68　鄂尔多斯吉劳庆川（白林云摄影）

丈不等，最宽的有10数丈，深有5至7尺"[104]。在当时的科学认知与技术条件下，只能依靠经验与传统方法完成如此大的工程，实非易事，这也体现出王同春在水利建设方面所具备的较强能力。再如地商之间合作开展水利建设，河套主要干渠中，刚济渠是以王同春为主，合股集资，在刚目河上游挖掘的一条长12公里的输水线路；新皂火渠是以王同春为主，负责选定、勘测和设计渠线，并联合地商樊三喜等集资开挖；通济渠的挖掘以王同春为技术指导，协助郭大义挖掘筑成，以后王同春又多次亲自参与改

建与善修工作；杨家河渠是由杨氏兄弟主持挖掘，王同春应邀参与渠线的勘测与设计等。[105] 可以发现，地商因拥有一定的生产技术及资本，并且能够号召团结起一定的社会力量而成为水利开发的主要操纵者，由此地商也成为晚清以来内蒙古黄河流域人类社会的重要阶层与组成部分（图11-68、图11-69）。

图 11-69　流经乌海的黄河（焦长青摄影）

## （二）水利建设的成就及影响

经过有清一代的发展，河套地区的水利建设取得了重要发展，民国时期，韩德章调查指出："清代地商私垦蒙地，引黄河水以灌田，深得灌溉之利。清代末叶，贻谷大臣督办垦务，着手整顿绥西渠道，收河套以北之民渠为官有，改为八大干渠，称永济、刚济、丰济、沙河、义和、通济、长济、塔布各渠。每渠延长120

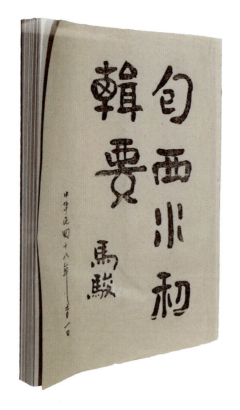

图11-70　《包西水利辑要》（白林云摄影）

里，分段修筑。又疏浚河套黄河故道（又称乌加河），并于大佘太之西建筑山水大坝，全部工程，费资一百数十万两，这是绥西第一组有实利的灌渠。"[106]《调查河套报告书》对河套水渠进行了补充说明："以上八大干渠均溉达旗永租地，而义和渠又溉乌旗粮地一千七百三十一顷，通济、长胜、塔布三渠又溉四成补地一千四百二十顷。其他小干渠溉杭锦粮地四千十八顷，渠名甚纷不及备列。"[107]由上述统计数据可见，清代以来河套地区水渠取得的快速发展及对农业生产的积极影响，各个主要水渠灌溉土地的面积都在千顷以上（图11-70）。

此八大干渠中，"永济渠为河套各渠之冠，又名缠金渠。何以曰缠金，或因渠水漾缠作金碧色，象形而名之欤。或谓渠水实贵价重，兼金取义而名之欤。抑因蒙旗地名，如兰镇之例而名之欤。均未敢臆断也。按永济渠创于何人？辟于何年？莫可详考，闻诸故老云：渠在道咸之季，有地商四十八家，公共经理。今之公中庙，即昔年地商醵资建立，公共议事场所，规模亦壮阔哉。当时各地商包租蒙旗外垦地，连阡接陇，用水均仰给于该渠，渠道平时岁修及临时要工，地商等按厘出资，通力合作，俨然有同利共害之团体。当其生地甫

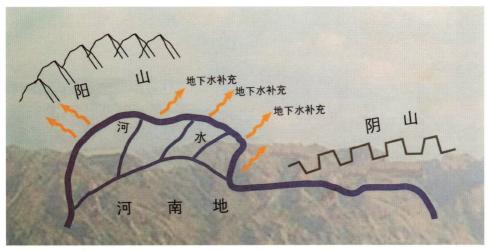

图 11-71　黄河乌加河示意图（白林云摄影）

辟，渠水畅旺，岁告上稔，每年灌地三四千顷，收粮数十万石。惜价值低落，不能远贩，古人所谓粒米狼戾、红朽堪虞，恍然遇之。此为永济渠全盛时代"[108]。除此之外，散在绥东各县的官民各渠，尚无完整详细的统计，若是将那些支渠及民间自发修筑的较小水渠统计在内，那么清代以来内蒙古黄河流域的水利建设规模与成就无疑是巨大的（图11-71）。

清末贻谷主持放垦以前，河套地区的各干支渠均是由蒙汉人民私垦开挖，如《调查河套报告书》所载："后套渠工始于民修，初无统筹全局计划，又无水利工程专家为之支配调理，以致所开渠道错综交杂，此界彼疆作辍无定。"[109] 由此可以发现，民间自发兴建水渠是清代以来河套地区水利建设的基本模式，在开展水利建设的过程中，民间社会便需要相互协作共同完成水利建设任务，但同时也因缺乏统一组织与统筹规划渠道较为混乱，极易产生民间纠纷。就彼此间的合作而言，民间社会的个人及群体以合作的方式进行水利建设在河套地区较为普遍，既包括同一村落内不同家庭之间的合作，也包括不同村落之间的合作，同时也有较具资本的富户（在河套地区也称为"地商"）之间的合作，这些合作也促进并强化了基层社会群体之间的联系，包括同一水渠内部不同用户之间的联系、同一河流不同河段之间的联系等等，成为清代以来内蒙古黄河流域社会变迁的重要影响因素与表现形式，即带有明显水利社会因素的

图 11-72 大沟湾（白林云摄影）

社会形态逐渐形成（图11-72）。

具体如清末民初重新挖掘的"杨家河渠"，起初，杨茂林于清末在"绥、宁交界处之乌拉河渠所灌之田地，面积不广，水灾该渠以东十余里处，拟另挖渠一道，以资提倡水利。遂与杭锦旗主管处几经交涉，订立合同，得于本年开始挖渠"。但挖渠所需人工、粮食等非一家一户之力所能完成，便于开工之前，"筹得糜

子米数百石，以作工食之用，每开
成一段，随时即放水，以所得之水
租，以资挹注。其不足之数，则向各
大户贷款以偿"[110]。可以发现，
杨家河渠的挖掘是由杨茂林组织开

展，在获得官方许可之后便筹集修渠
所需的粮食、资本及人力等。但在
民国九年、民国十年（1920年、1921
年）时因受鼠患之灾，险遭破产，杨
茂林在贾君八宝等地商的帮助下才渡

过难关。但好景不长，至民国十四年（1925年）时，"该渠已挖至三道桥附近，而惨淡经营，以致杨君茂林因劳成疾，卒于十五年病故，乃由其二弟春林继续努力，幸于十六年冬，两道渠梢皆挖通至五加河，大工告成。至二十一年，杨君春林又以劳顿过度，外债紧逼，遂至一病不起，现仍由其三弟文林相继经理其事。该渠由开工至竣工，经杨家昆仲苦心经营十余年，可谓提倡水利者"[111]。再如民国时期萨拉齐县内民生渠修筑，"萨县县长郝熙元复与义赈会订定征工办法，盖为促进工作起见，双方协议而成，期于一九三一年完成之，是时萨托干渠、支渠未完土工，约有一百三十六万方，拟征万人，于三个月内竣工，其工人由县政府按所辖村庄户口多少，分配征集，全渠分二十段工作，并由县政府设督工处，以期办事便利。各村工人于指定时期，提前完工有奖，逾限惩罚"[112]。可以发现，无论是共同组织的水利建设还是调节不同河段、不同用水期等，都成为此时期内蒙古黄河流域水利社会的重要组成部分，是社会变迁的重要表现形式（图11-73）。

综合上述而言，水利建设是北方农牧交错带内农业生产不可或缺的重要依托，如河套地区农业生产就是"以水利为根本"[113]，因而清代以来蒙地的水利建设取得了较快发展。在北方农牧交错带尤其是长城以北水资源相对匮乏的区域，随着清代以来当地农业生产取得的发展[114]及持续不断的移民及土地开垦，水资源的重要性也日渐凸显出来。但那些无人管理的河流等水资源是无法成为发展农业的必要条件的，只有通过人为的水利建设才能将其变成农业生产过程中所需的水资源。伴随着清代以来水利建设在有河流流经区内的普遍开展，围绕着水利的开发、管理等也形成了相应的民间水利工程管理体系。水资源在土地开垦与农业发展过程中重要性的逐渐凸显，以及水利建设中将水资源合理高效地转变成为农业生产用水，刺激了那些拥有土地的蒙人及召庙喇嘛等对水资源的占有，他们形成了水权意识及对自身水权的维护，从而促进了水权在当地社会的普遍形成与归属关系的明晰。水利建设及水利工程管理体系的形成与水权交易等的普遍出现，导致这一区域水利社会的形成，根据韩茂莉的研究，水利社会控制体系以水利工程为依托，以维护水权为目的，杂融社会习俗、社会惯性于一体，不仅具有浓重的水权意识，而且形成完整的管理系统。[115]由此可见，清代以来北方农牧交错带内长城以北地区随着水利工程管理及水权交易等，社会发生深刻变迁，在黄河流经的河套地区及西辽河流域等部分水利设施完备地区逐渐形成了水利社会，尤其是在河套地区，水利建设取得的成果及对社会变迁产生的影响最为深远，这一新的社会形态也是蒙地社会变迁的重要表现形式之一（图11-74、图11-75）。

图11-74　二黄河四闸（巴盟博物馆供图，曹新林摄影）

图11-75　黄河水利灌溉农田（白林云摄影）

# 四、环境问题的日渐加剧

一般而言，人与自然环境之间存在既相适应，又不相适应的复杂关系。就其适应性而言，自然环境提供了人类生存发展所需的最基本条件，它构成了人类生存发展须臾不能离开的生物圈，以及提供了维持人类社会生存延续的各类给养。就其不适应性而言，地球的资源能源并非取之不尽用之不竭，尤其是那些不可再生资源，一旦开发利用殆尽就很难寻找其替代品，自然界也不会自动满足人类需要，人类社会需要去发掘和

探索，且一旦方法不当就极易造成环境破坏或恶劣影响（图11-76）。

自然界只提供了人类生存发展的可能性，而使这种可能性变为现实性，仍需要人类改造自然环境并创造能够为人类生存发展服务的价值。[116]费孝通先生曾指出："中华民族的家园坐落在亚洲东部，西起帕米尔高原，东到太平洋西岸诸岛，北有广漠，东南是海，西南是山的这一片广阔的大陆上。"[117]因此，不

图11-76-1

图11-76-2

图11-76　黄花沟辉腾席勒草原（白林云摄影）

同地区的地理环境各异，也使人类文明形态的差异显著，在我国的广阔地域内，有广阔肥沃的平原、高耸入云的山系，也有高低不等的高原等，地理环境及在不同地理环境基础上形成的人类文明形态可谓是复杂多样。就游牧生产方式及蒙古草原自然环境而言，蒙古草原地区宽广辽阔的自然环境是游牧民族选择游牧生产方式的关键，也是其必要自然前提，换言之，正是草原地区辽阔的自然生态空间与自然资源特征使游牧生产方式成为可能，并且这一自然生态空间和生物资源的长久存在，使得游牧生产方式能够在蒙古草原上长期存在下来（图11-77）。

纵观整个北方草原的发展历史，游牧生产与生活方式的合理选择，是游牧民族发挥自身主观能动性以适应草原自然环境与气候特征的重要生存智慧，也是其厚重的历史传统。论及游牧生产与生活方式为其传统，则是因为游牧生产与生活方式是草原游牧民族在历史发展过程中绝大多数时期一以贯之的基本生产与生活方式。这一生产与生活方式得以历代传承，也源于诸草原游牧民族对于草原自然环境等各自然要素认识的不断深入，以及适时而持续调整人们的思维方式和行为规范，以积极适应草原地理环境、生物资源和气候条件的波动，实现游牧民族与草原自然环境可持续发展的目标。但是清代以来，非合理的土地开垦与开发建设加速了对草原自然环境的破坏性利用，并导致当地环

境问题日益凸显，有些地区的环境恶
化趋势未能遏制，其恶劣影响也一直
持续至今日（图11-78）。

到了清代，内蒙古黄河流域内的
鄂尔多斯地区的环境问题最为显著，
毛乌素与库布齐两大沙漠的面积持续
扩大。张研就此指出，至清代，（内
蒙古地区）森林、草原已大都消失。
干旱少雨，风沙肆虐，沙漠扩大。鄂
尔多斯高原在明后期就已经出现了四
望黄沙、不产五谷的凄凉之景。"清
中叶以后，'移民实边'，遗留的草
原植被被进一步破坏，伊克昭盟东南

图11-77 牧场植被（白林云摄影）

图11-78　黄河流域耐旱植物——沙棘（白林云摄影）

和陕西北部原沃野千里、水草丰美之地变为1万多平方公里的毛乌素沙漠。从陕北到宁夏东南600余公里的明长城，40%被流沙掩埋，嘉峪关等地成为戈壁荒滩。休屠泽渐趋干涸，其他河流大同小异。"[118] 1844年，法国传教士古伯察在途经鄂尔多斯地区时也对所见自然及社会景观记述道：

　　我们很快就将重新进入草地，如果大家可以把像鄂尔多斯那样贫瘠、干旱和光秃地区称作草原的话。无论大家步行到哪里，永远都只能发现一片没有绿色植被的荒芜土地、遍是砾石的沟壑、泥灰质丘陵以及布满猛烈的狂风从各处吹来的流沙和细沙的平原。那里的全部牧草就是大家所看到的带刺的灌木以及各种瘦弱的、沾满灰尘的和带臭味的蕨科植物。这片可怕的土地中唯有每隔很远一段距离才生长着稀疏的和易折碎的草，它们如此紧贴地面，以至于牲畜不用其嘴巴滚动沙土就无法啃吃它。对于使我们在黄河边上发愁的那些大量水塘，在鄂尔多斯地区很快就感到留恋它们了。那里该多缺水啊！干旱得怕人。那里没有可供行人解渴的任何小溪和泉水，大家只能会遇到充满了发臭而泥泞混浊的水坑和蓄水塘。[119]

由此段记述可以发现，此时期鄂尔多斯地区的环境恶化已是相当严重，这一趋势一直持续到清后期（尤

图 11-79　沙圪堵镇纳林村地貌（高兴超摄影）

其是清末放垦以来）也没能得以缓解，反而持续加剧。到咸丰十一年（1861年）时，麒庆对鄂尔多斯地区环境记述道："北山逼近，多砂石"之后，"出朔平北门，一路平沙，河流环绕，遥望西南，山顶废颓垣隐隐可辨"[120]。可见，越是到了清后期，当地环境恶化也越显著（图11-79）。

唐克丽等通过现代技术及史料分析对清代边地移民及屯田的环境代价指出，在同治五年（1866年）以前，陕北地区西南部的子午岭遭到开垦的垦殖指数就已达到了25%—30%，当地土地遭到的侵蚀强度接近于今日的延安地区，侵蚀规模达到了8000吨/平方公里—10000吨/平方公里。[121]由此科学数据可以发现，清代非合理的土地开垦对于环境的破坏影响极为显著，这在时人对所见景观的记述中也有体现，如光绪时期，阿·马·波兹德涅耶夫对所见黄河流经的土默特川平原上荒废聚落及耕地的记述：

由此开始，我们不时地见到一座座破败不堪的村庄。其中有些房屋的泥土墙壁还完整地保留着原来的样子，但无论是门窗还是房顶，都已经没有了。一个同路的农民向我们解释了这一现象。原来最近连续三年的歉收把人们逼到了绝境。他们既无粮食，又无木柴，只得烧掉房屋里所有的木料；然后有的人卖掉土地，有的人则抛弃了土地，纷纷奔走他乡。这些村子是逐渐走空的：一个破了产并决定离开自己住处的人家，一般都是先找个买主，卖掉自己的土地，然后搬到邻近的另一户极穷的人家去住，把自己原来房子里的木料全都拆下，供自己和临时的主人作为燃料。等

图 11-80　鄂尔多斯丘陵地貌（白林云摄影）

到房子里的东西都拆光用尽，他们就出外逃荒。一个星期以后，同样的命运又落到了他们不久之前的主人头上。几百座村庄就是这样走空拆光了的。我们见到的那座既无门、又无窗户的破庙，遭到的就是这样的命运，只不过这是路过的强徒干的罢了。[122]

　　此后，阿·马·波兹德涅耶夫离开归化城向张家口方向行进途中，又遇到大片沙化了的土地，他继续记述道："来到一座汉人和土默特人杂居的村庄沙梁儿，这名字在当地汉人的方言中就是'沙丘'的意思。果然不错，离这个村子不远，土壤中的沙土就多

了起来，田地离道路也远多了"，继续前行，"所见到的都是零星的小块耕地；除此之外则是荒地。只偶尔在一些地方能发现从前耕种过的痕迹。由此走不远，我们开始看到盐碱地带"[123]（图11-80）。可以发现，当时内蒙古草原上的水土流失及环境遭到的破坏是极为惨重的，这也是清代人为屯田及土地开垦对草原自然环境破坏的真实写照。屯田不仅影响了草原地区游牧经济的生存发展，同时造成的环境问题也影响了此后这些屯田地区游牧生产方式的继续存在，是导致其在这一时期走向衰落的一个重要因素（图11-81）。

　　清末贻谷放垦以来，内蒙古黄河流域尤其是鄂尔多斯地区因非合理的人为土地垦种与开发建设导致当

图11-81　毛乌素沙地四（白林云摄影）

地沙漠化进一步严重。光绪二十八年（1902年）正月十八日，贻谷在"跪聆圣训"之后，便于十月十八日行抵归化城，随即在归化城设立了垦务大臣行辕，作为垦务大臣的办公之所。见《绥远通志稿》的记载："二十八年（1902年），督办蒙旗垦务大臣贻谷受命办垦，东起察哈尔境，西讫宁陕边界，皆为预定应垦之区。贻遂首与晋抚会筹勘办蒙垦办法，并定东垦西垦分段进行步骤。"[124]

此外，因为贻谷办理的是西盟垦务，主要是围绕着河套及其毗邻地区开展的，又因为"伊克昭盟杭锦、达拉特两旗与乌兰察布盟乌拉特西公旗所报地亩皆坐落后套"[125]，可以说，这一地区也是贻谷放垦的主要地区之一。又根据《内蒙古中西部垦务志》的统计，"伊克昭盟七旗并王爱召从光绪二十八年（1902年）至宣统三年（1911年），共放地二万三千六百五十六顷三十二亩九分五厘。从民国七年（1918年）至民国二十六年（1937年），续放各旗地一万六千二百六十顷二十亩一分一厘（除此还有清理达拉特旗河套地、义和渠地等余荒夹荒地亩，因无确切数据，故无法统计）"[126]。清末以来如此大规模且不顾任何后果的土地放垦，对当地自然环境造成的破坏无疑的巨大的。

由于清代以来非合理的土地开发利用，导致整个蒙古草原上的环境恶化极为显著。就内蒙古黄河流域而言，鄂尔多斯地区的环境恶化最为显著，至民国时期，沙漠业已成为鄂尔多斯地区的主要自然景观之一种，《调查河套报告书》中对此也记载道："鄂尔多斯一路沙陵起伏莫辨，道路径行其间，或终日不逢一人。水站甚少，盛暑时，行人赶站不及，往往因渴致死。"[127]可见，此时期鄂尔多斯地区的沙漠面积分布更广阔，又有民国时期成书的《伊克昭盟志》的记载（图11-82）：

蒙古地方有草原也有沙漠。伊盟中的草原与沙漠相较，沙漠地带约可占去四分之一强。在伊盟的北部有一条沙梁横亘其上。这一条沙梁（由隆起的沙丘构成）西自杭锦旗的西北角，沿黄河东下，至达拉特旗，顺河折而南，经准格尔旗，迄至长城边界，长约两千里，宽约三五里至六七十里。其最宽处在杭锦旗西北，约七十里，最狭处在准格尔旗与达拉特旗交界处，仅三里。沙梁细白，不生植物。在达拉特旗沙坝地方，据说有一召庙被埋其中。由这一点可以证明这道梁在时时向南移动中……伊盟除了这道大沙梁外，在其南部乌审旗、扎萨克旗及鄂托克旗的南部均多沙漠。这一方的沙漠紧接陕北边墙，因北风时

图 11-82　伊克昭盟志（白林云摄影）

吹，已侵入墙内。伊盟好像是被沙漠环绕着，因而它的东南北部都是沙漠地带。[128]

由此段记述可以发现，到民国时期，鄂尔多斯地区的沙漠面积已占到土地总面积的1/4甚至还要多，沙漠景观已是广泛分布。

通常而言，在草原自然环境与气候条件下，植被种类及数量稀少，但沙漠景观所占比重较大时，植被就更少，尤其是树木，史念海先生就鄂尔多斯地区树木植被研究指出："鄂尔多斯高原的森林由赵武灵王时以迄于

清代前期都相当茂盛繁多，林区分布于高原的北部、东部和南部。其西部和西南部未见文献记载，目前尚无考古发掘，只能暂时阙疑。"[129]但到了民国时期，"旅行在那里（鄂尔多斯地区）偶尔发现一两株树，真不知是如何的喜悦"[130]。树木对于防风固沙意义重大，文焕然等研究指出："荒漠地带的天然森林，是珍贵的自然资源，它不仅是木材等的重要来源，还可稳定高山积雪，涵养水源，为绿洲的农牧业发展提供极为有利的条件。"[131]因而森林的破坏对于沙漠化形成及扩大影响更为深远，草原的破坏又加剧了风蚀的力量，导致当地沙漠化的进一步扩大（图11-83）。

导致清代以来内蒙古黄河流域尤其是鄂尔多斯地区自然环境出现严重恶化的人为因素中，非合理的土地垦种与相关开发建设利用是其中重要的

图 11-83　沙漠中的驼队（鄂尔多斯博物馆供图）

一个。在中国，精耕细作的农业发展模式是传统时期最具代表性的中国农业生产特征，并维持了中国传统农耕区数千年来的人地和谐关系。但精耕细作的农业生产方式在历史时期的蒙古草原上是难以长期推行的，这也源于当地自然环境与气候条件的不足，其所造成的环境问题是极为严重的，人类为此而付出的代价也是极为惨痛的（图11-84）。

对于农业生产与环境变迁之间的关系，费孝通先生也认为，农耕社会直接取资于土地，是搬不动的。长在地里的庄稼动不得，伺候庄稼的老农也因之像是半身插入了土里，土气是因为不流动而发生的。因此，以农业为生的人，世代定居为常态，迁移是变态。[132] 在这一生产和生活方式影响下的农耕民族生存空间也表现出"静态"的存在特征，农耕社会的经

图 11-84　库布齐沙漠（鄂尔多斯博物馆供图）

济发展方式是由农牧混合、农渔混合式逐渐发展起来的单一农业经济，但不可否认部分地区还保留着农牧、农渔混合的生产样式，但单一农业经济主导下的经济结构却成为农耕社会的主要形式。单一的农业经济使农业社会呈现出一种非网络结构的垂直系统。[133] 单纯的垂直系统导致农耕世界的物质流通呈现出周而复始的循环状态，缺乏游牧世界里那种动态的空间运作。因此，农耕民族的"静态"生产方式并不适宜草原自然环境的内在发展逻辑，农耕民族的"静态"生存空间也是难以在草原地区推行并长期存在的，这也是导致历史时期蒙古草原环境问题出现的一大影响因素，体现出历史时期草原上各游牧民族在游牧生产方式影响下出现的"动态"生存空间对于草原自然环境维护的重要生态价值（图11-85）。

自清代以来，人为因素对蒙汉接触地带及蒙古地区游牧民族生存空间产生了严重的破坏性影响，根据吴承忠等的考察，清代以来蒙汉（陕蒙）接触地带的农耕与游牧的基本生产格局为：

（1）"南田北草"格局自清初（1644年—1696年）完全固化。以陕蒙交界禁留地的设立为标志。"大边"长城开始成为新的"草"与"田"的分界线。

（2）"南田北草"格局自康熙三十六年（1697年）开始被打破。以伙盘地与黑界地的出现为标志。随着汉民进入蒙地开垦伙盘地和蒙古向垦的进展，伙盘地不断北移、黑界地不断重置，"草"与"田"的分界线逐步由光绪线—乾隆线—道光线，但清末贻谷放垦（1902年—1908年）前，制度上的"草"与"田"的分界线为乾隆线。

（3）贻谷放垦从制度上确立了新的"南田北草"分界线，但事实上打破了"南田北草"格局。贻谷放垦是

图 11-85　黄河流域农田（白林云摄影）

对自光绪初年（1875年—1878年）混乱的私垦的重新制度化，确立了"南田北草"新的界线，即以光绪线（今陕蒙两省交界线）和民国初东胜县（今东胜区与伊金霍洛旗东北、东南部分地区）为界。但是，贻谷放垦事实上从制度上开启了蒙地大规模开垦的闸门，打破了陕蒙交界地区旧有的"南田北草"格局。[134]

由上述论述可以发现，由于土地开垦与人口定居对草原游牧民族原本"动态"生存空间的打破，内蒙古南部的大部分地区成为"静态"的农耕区，而"静态"的农业生产与生存状态也难以维持草原地区的生态平衡，直接导致了当地自然环境问题的出现。

## 注释

［1］ 札奇斯钦：《蒙古文化与社会》，台北：台湾商务印书馆1987年版，第7页。

［2］ 光绪朝《钦定大清会典事例》卷一百六十六《户部·田赋·开垦》，载昆冈等编《大清会典》（第9册），光绪二十五年刻本，台北：新文丰出版公司1976年影印版，第7269页。

［3］ （清）李熙龄纂修，马少甫点校：《榆林府志》（上册）卷三《舆地志·疆界·边界》，道光二十二年增刻本，上海：上海古籍出版社2014年版，第56页。

［4］ 乌云毕力格、成崇德、张永江：《蒙古民族通史》（第四卷），呼和浩特：内蒙古大学出版社2002年版，第289~290页。

［5］ 光绪朝《钦定大清会典事例》卷九百九十三《理藩院·禁令》，载昆冈等编：《大清会典》（第22册），光绪二十五年刻本，台北：新文丰出版公司1976年影印版，第17000页。

［6］ 《清圣祖实录》卷一百五十一"康熙三十年五月庚寅条"，载中国第一历史档案馆等：《清实录》（第5册），北京：中华书局1986年影印版，第677页。

［7］ 《清圣祖实录》卷一百五十一"康熙三十年五月丙午条"，载中国第一历史档案馆等：《清实录》（第5册），北京：中华书局1986年影印版，第677~678页。

［8］ 《岑春煊奏为垦开晋边蒙地屯垦以恤藩属而弭隐患折并朱批（光绪二十七年四月二十日）》，载内蒙古自治区档案馆编：《清末内蒙古垦务档案汇编》，呼和浩特：内蒙古人民出版社1999年版，第1页。

［9］ 《陕甘总督尹继善（乾隆十四年）十月初一日（11月10日）奏》，载中国科学院地理科学与资源研究所，中国第一历史档案馆编：《清代奏折汇编——农业·环境》，北京：商务印书馆2005年版，第112页。

［10］ 晓克主编：《土默特史》，呼和浩特：内蒙古教育出版社2008年版，第299~300页。

［11］ （清）李熙龄纂修，马少甫点校：《榆林府志》（上册）卷三《舆地志·疆界·边界》，道光二十二年增刻本，上海：上海古籍出版社2014年，第56~57页。

［12］ 《清圣祖实录》卷二百七十五"康熙五十六年十一月丙子条"，载中国第一历史档案馆等：《清实录》（第6册），北京：中华书局1986年影印版，第700页。

［13］ （清）张鹏翮：《奉使倭罗斯日记》，载毕奥南整理：《清代蒙古游记选辑三十四种》（上册），北京：东方出版社2015年版，第10页。

［14］ 荣祥、荣赓麟：《土默特沿革》，内蒙古土默特左旗文化局1981年版，第117页。

［15］ 蒙思明：《河套农垦水利开发的沿革》，《禹贡》，1936年，第6卷，第5期。

［16］ 《兵部员外郎刘格奏报察哈尔地方仓储粮米等情形折（雍正十一年二月二十四日）》，载中国第一历史档案馆译编：《雍正朝满文朱批奏折全译》（下册），合肥：黄山书社1998年版，第2172页。

［17］ 肖瑞玲、曹永年、赵之恒等：《明清内蒙古西部地区开发与土地沙化》，北京：中华

书局 2006 年版，第 151 页。

［18］潘复：《调查河套报告书》，北京：京华书局 1923 年版，第 219 页。

［19］（清）姚锡光：《续呈实边条议以固北圉说帖》（光绪三十一年八月上练兵处王大臣），载内蒙古图书馆编：《内蒙古历史文献丛书》之四《筹蒙刍议》，呼和浩特：远方出版社 2008 年版，第 27 页。

［20］李美玲：《黄教的传入对蒙古族文化的影响》，《阴山学刊》2006 年第 6 期，第 21~23 页。

［21］乌云毕力格、成崇德、张永江：《蒙古民族通史》（第四卷），呼和浩特：内蒙古大学出版社 2002 年版，第 368~369 页。

［22］协必：《热察绥三省中之蒙古人》，载李红权、朱宪主编：《近代蒙古文献大系·概览卷》（第一册），北京：中华书局 2018 年版，第 473 页。

［23］乌云毕力格、成崇德、张永江：《蒙古民族通史》（第四卷），呼和浩特：内蒙古大学出版社 2002 年版，第 369 页。

［24］（清）吴禄贞：《东四盟蒙古实纪》，载李红权、朱宪主编：《近代蒙古文献大系·概览卷》（第一册），北京：中华书局 2018 年版，第 45~46 页。

［25］［意］图齐、［西德］海西希：《西藏和蒙古的宗教》，耿升译，天津：天津古籍出版社 1989 年版，第 353 页。

［26］赵双喜：《清代内蒙古地区寺院经济兴衰研究》，呼和浩特：内蒙古师范大学硕士论文 2008 年版，第 13~17 页。

［27］陈份：《西盟调查录》，载李红权、朱宪主编：《近代蒙古文献大系·概览卷》（第一册），北京：中华书局 2018 年版，第 168~169 页。

［28］蔡受百：《蒙古之今昔观》，载李红权、朱宪主编：《近代蒙古文献大系·概览卷》（第一册），北京：中华书局 2018 年版，第 396~397 页。

［29］（清）吴禄贞：《东四盟蒙古实纪》，载李红权、朱宪主编：《近代蒙古文献大系·概览卷》（第一册），北京：中华书局 2018 年版，第 45 页。

［30］祁美琴：《清代宗教与国家关系简论》，《中国人民大学学报》2014 年第 6 期，第 146~153 页。

［31］（清）吴禄贞：《东四盟蒙古实纪（光绪三十二年四月至七月）》，1906 年成稿，吴锡祺家（吴禄贞后人）藏抄本，呼和浩特：远方出版社 2008 年版，第 175 页。

［32］［法］张诚：《耶稣会士、法国传教士张诚鞑靼旅行记》，刘晓明、王书健译，杨品泉校，载中国社会科学院历史研究所清史研究室编：《清史资料》（第五辑），北京：中华书局，1984 年，第 96 页。

［33］德勒格：《内蒙古喇嘛教史》，呼和浩特：内蒙古人民出版社 1999 年版，第 452~453 页。

［34］天纯：《内蒙古黄教调查记》，第 93 页。转引自王镇：《中国蒙古族人口》，呼和浩特：内蒙古大学出版社 1997 年版，第 47 页。

［35］协必：《热察绥三省中之蒙古人》，载李红权、朱宪主编：《近代蒙古文献大系·概览卷》（第一册），北京：中华书局 2018 年版，第 483 页。

［36］齐木德道尔吉主编：《内蒙古通史》第五卷《清朝时期的内蒙古》，北京：人民出版社 2011 年版，第 1471 页。

［37］乌云毕力格、成崇德、张永江：《蒙古民族通史》（第四卷），呼和浩特：内蒙古大学出版社 2002 年版，第 378 页。

［38］沙毕纳尔：又称"哈拉沙毕纳尔"，意为"黑徒"，清代汉籍史料中多称"庙丁"。沙毕纳尔是清代蒙古社会阶层的组成部分之一，也是蒙古社会下层中的特殊阶层。沙毕纳尔主要来源于蒙古王公、台吉、塔布囊等封建主的捐献或卖出，是清代蒙古寺院经济中的主要生产劳动者，从事农业及畜牧业的生产活动，是蒙古地区寺院经济的主要运作者。

［39］蔡受百：《蒙古之今昔观》，载李红权、朱宪主编：《近代蒙古文献大系·概览卷》（第一册），北京：中华书局 2018 年版，第 397 页。

［40］乌云毕力格、成崇德、张永江：《蒙古民族通史》（第四卷），呼和浩特：内蒙古大学出版社 2002 年版，第 379 页。

［41］《呼和浩特史蒙古文献资料汇编（蒙古文）》（第一辑），海拉尔：内蒙古文化出版社 1988 年版，第 122~154 页。转引自齐木德道尔吉主编：《内蒙古通史》第五卷《清朝时期的内蒙古》，北京：人民出版社 2011 年版，第 1482 页。

［42］《呼和浩特史蒙古文献资料汇编（蒙古文）》（第一辑），海拉尔：内蒙古文化出版社 1988 年版，第 225 页；《呼和浩特史蒙古文献资料汇编（蒙古文）》（第三辑），海拉尔：内蒙古文化出版社 1988 年版，第 119 页。转引自齐木德道尔吉主编：《内蒙古通史》第五卷《清朝时期的内蒙古》，北京：人民出版社 2011 年版，第 1481 页。

［43］［俄］波兹德涅耶夫：《蒙古及蒙古人》（第二卷），张梦玲、郑德林、卢龙、孟素荣、刘明汉译，呼和浩特：内蒙古人民出版社 1983 年版，第 81、563 页。

［44］《呼和浩特史蒙古文献资料汇编（蒙古文）》（第二辑），海拉尔：内蒙古文化出版社 1988 年版，第 98 页。转引自齐木德道尔吉主编：《内蒙古通史》第五卷《清朝时期的内蒙古》，北京：人民出版社 2011 年版，第 1477 页。

［45］［美］拉铁摩尔：《中国的亚洲内陆边疆》，唐晓峰译，南京：江苏人民出版社 2008 年版，第 40 页。

［46］（清）冯诚求：《东盟游记（内蒙古东部调查日记）》六《自乌丹城至巴林版》，载李文海主编：《民国时期社会调查丛编》二编《少数民族卷（上）》，福州：福建教育出版社 2014 年版，第 24 页。

［47］郭松义、张泽咸：《中国屯垦史》，北京：文津出版社 1997 年版，第 307 页。

［48］（清）傅恒等撰：《平定准噶尔方略》（第一卷），西藏社会科学院西藏学汉文文献

编辑室编辑：《西藏学汉文文献汇刻》（第二辑），1990 年版，第 68 页。

[49]《清圣祖实录》卷一百九十一"康熙三十七年十二月丁巳条"，载中国第一历史档案馆等：《清实录》（第 5 册），北京：中华书局 1986 年影印版，第 1027~1028 页。

[50]（清）汪灏：《随銮纪恩》，载毕奥南整理：《清代蒙古游记选辑三十四种》（上册），北京：东方出版社 2015 年版，第 278 页。

[51] 郑植昌修，郑裕孚纂，忒莫勒点校，王珺、刘成法审定：《归绥县志》，《金石志·萨属善里九旗四村公众遵断复整水利碑》，民国二十三年（1934 年）铅印本，呼和浩特：远方出版社 2012 年影印版，第 1190~1191 页。

[52]《清圣祖实录》卷二百七十七"康熙五十七年二月戊子条"，载中国第一历史档案馆等：《清实录》（第 6 册），北京：中华书局 1986 年版，第 717 页。

[53]《清圣祖实录》卷二百七十七"康熙五十七年二月己丑条"，载中国第一历史档案馆等：《清实录》（第 6 册），北京：中华书局 1986 年版，第 717 页。

[54]《管陕甘总督事黄廷桂正月初二日奏（乾隆二十三年）》，载中国科学院地理科学与资源研究所、中国第一历史档案馆编：《清代奏折汇编——农业·环境》，北京：商务印书馆 2005 年版，第 163 页。

[55]（清）傅恒等撰：《平定准噶尔方略》（第一卷），西藏社会科学院西藏学汉文文献编辑室编辑：《西藏学汉文文献汇刻》（第二辑），1990 年版，第 74~75 页。

[56]（清）徐珂：《清俾类钞》第一册《地理类·河套》，北京：中华书局 2017 年版，第 93 页。

[57] 段友文：《走西口移民运动中的蒙汉民俗融合研究》，北京：商务印书馆 2013 年版，第 24 页。

[58] 段友文：《走西口移民运动中的蒙汉民俗融合研究》，北京：商务印书馆 2013 年版，第 25~26 页。

[59] 邢莉、邢旗：《内蒙古区域游牧文化的变迁》，北京：中国社会科学出版社 2013 年版，第 251~252 页。

[60]"国立故宫博物院"编：《宫中档雍正朝奏折》（第 17 册），台北：台湾出版社 1979 年版，第 837 页。

[61] 陈继淹修，许闻诗纂：《张北县志》（二）卷五《户籍志·人口》，民国二十四年铅印本，载《中国方志丛书·塞北地方》（第 35 册），台北：成文出版社 1969 年影印版，第 529 页。

[62] 杨葆初撰：《集宁县志》，民国十三年抄本，载《中国方志丛书·塞北地方》（第 13 册），台北：成文出版社 1969 年影印版，第 7 页。

[63]（清）文秀修，（清）卢梦兰纂：《新修清水河厅志》卷十四《户口》，光绪九年版，呼和浩特：远方出版社 2009 年版，第 141 页。

[64] 孙斌纂、李晓秋点校，胡云晖审定：《包头市志》卷七《风俗志·礼俗》，1943 年版，呼和浩特：远方出版社 2011 年点校版，第 197 页。

［65］孙斌纂、李晓秋点校，胡云晖审定：《包头市志》卷七《风俗志·居住》，1943 年版，呼和浩特：远方出版社 2011 年点校版，第 205 页。

［66］孙斌纂、李晓秋点校，胡云晖审定：《包头市志》卷七《风俗志·行旅》，1943 年版，呼和浩特：远方出版社 2011 年点校版，第 206 页。

［67］绥远通志馆编纂：《绥远通志稿》（第三册）卷二十一《牧业》，民国二十六年版，呼和浩特：内蒙古人民出版社 2007 年版，第 203 页。

［68］韩茂莉：《十里八村：近代山西乡村社会地理研究》，北京：生活·读书·新知三联书店 2017 年版，第 8 页。

［69］韩茂莉：《十里八村：近代山西乡村社会地理研究》，北京：生活·读书·新知三联书店 2017 年版，第 8 页。

［70］（清）贻谷等修，（清）高赓恩纂：《归绥道志》（下册）卷三十六《条议·阿道克达春禀稿》，光绪三十三年版，呼和浩特：远方出版社 2007 年版，第 1145~1146 页。

［71］［美］李中清：《中国历史人口制度：清代人口行为及其意义》，载李中清、郭松义主编：《清代皇族人口行为和社会环境》，北京：北京大学出版社 1994 年版，第 1 页。

［72］闫天灵：《汉族移民与近代内蒙古社会变迁研究》，北京：民族出版社 2004 年版，第 2 页。

［73］潘乃谷、马戎：《边区开发论著》，北京：北京大学出版社 1993 年版，第 85 页。

［74］［法］张诚：《耶稣会士、法国传教士张诚鞑靼旅行记》，刘晓明、王书健译，杨品泉校，载中国社会科学院历史研究所清史研究室编：《清史资料》（第五辑），北京：中华书局 1984 年版，第 100 页。

［75］成崇德：《清代边疆民族研究》，北京：故宫出版社 2015 年版，第 351 页。

［76］丁世良、赵放：《中国地方志民俗资料汇编·华北卷》，北京：书目文献出版社 1989 年版，第 740 页。

［77］《清圣祖实录》卷二百二十二"康熙四十四年八月己未条"，载中国第一历史档案馆等：《清实录》（第 6 册），北京：中华书局 1986 年版，第 235 页。

［78］《清太宗实录》卷二十一"天聪八年十一月壬戌条"，载中国第一历史档案馆等：《清实录》（第 2 册），北京：中华书局 1986 年版，第 276 页。

［79］中国社会科学院中国边疆史地研究中心编：《乾隆朝内府抄本〈理藩院则例〉》，载《清代理藩院资料辑录》，全国图书馆文献缩微复制中心 1988 年版，第 44~45 页。

［80］（清）王锡祺：《小方壶斋舆地丛钞》第一册《第一帙·舆地略》二十二，上海着易堂光绪十七年铅印本，杭州：杭州古籍书店 1985 年版，第 62 页。

［81］（清）王锡祺：《小方壶斋舆地丛钞》第一册《第一帙·舆地略》二十三，上海着易堂光绪十七年铅印本，杭州：杭州古籍书店 1985 年版，第 62 页。

［82］色音：《蒙古游牧社会的变迁》，呼和浩特：内蒙古人民出版社 1998 年版，第 113 页。

［83］（清）贻谷等修，高赓恩纂：《归绥道志》（中册）卷二十一《风土·习俗》，光绪

三十三年版，呼和浩特：远方出版社 2007 年版，第 654 页。

[84] 色音：《蒙古游牧社会的变迁》，呼和浩特：内蒙古人民出版社 1998 年版，第 117 页。

[85] 韩茂莉：《中国历史农业地理》（下册），北京：北京大学出版社 2012 年版，第 844~849 页。

[86] 吴禄贞：《东四盟蒙古实纪》（光绪三十二年四月至七月），载《内蒙古历史文献丛书》之四《筹蒙刍议》，呼和浩特：远方出版社 2008 年版，第 192 页。

[87] （清）贻谷等修，（清）高赓恩纂：《归绥道志》（中册）卷二十一《风土·习俗》，光绪三十三年版，呼和浩特：远方出版社 2007 年版，第 654 页。

[88] （清）彭衷干：《茶事杂咏》，载彭泽益：《中国近代手工业史资料（2）》，上海：生活·读书·新知三联书店 1957 年版，第 304 页。

[89] 这条茶叶之路的定义也有广义与狭义之别。从广义上来定义，这条茶叶之路是十七世纪中亚草原顽强地延伸着一条从中国武夷山至俄国圣彼得堡的贸易之路（参见张家口日报社编著：《重走张库大道》，北京：中国经济出版社 2012 年版，第 140 页）。从狭义上来定义，这条茶叶之路先将两国连接后通向第三国，是从塞外重镇张家口大境门（起点）出发，通往库伦（今蒙古国乌兰巴托），并延伸到俄罗斯恰克图（终点）的贸易之路，也被称作"张库恰国际商道"（参见刘振瑛主编：《品味大境门》（修订本），张家口堡历史文化研究会研究成果丛书，北京：国家行政学院出版社，2011 年，第 148 页）。

[90] 王世英：《"万里茶道"与内蒙古》，《实践（思想理论版）》2016 年第 6 期，第 50~51 页。

[91] ［苏联］乌拉吉米索夫：《蒙古社会制度史》，瑞永译，蒙古文化馆 1939 年版，第 395 页。

[92] 陈继勇：《"一带一路"视域下中俄万里茶道的历史与现实——评刘再起教授专著〈湖北与中俄万里茶道〉》，《欧亚经济》2019 年第 6 期，第 116~122 页。

[93] 塔日：《中俄恰克图贸易对蒙古地区经济文化的影响研究》，北京：中央民族大学 2013 年硕士论文，第 1 页。

[94] 习近平：《顺应时代前进潮流　促进世界和平发展》，《人民日报》2013 年 3 月 24 日，第 002 版。

[95] 冀朝鼎：《中国历史上的基本经济区》，朱诗鳌译，北京：商务印书馆 2016 年第 2 版，第 17 页。

[96] 绥远通志馆编纂：民国《绥远通志稿》（第五册）卷四十上，《水利》，呼和浩特：内蒙古人民出版社 2007 年点校版，第 588~589 页。

[97] 绥远通志馆编纂：民国《绥远通志稿》（第五册）卷四十上，《水利》，呼和浩特：内蒙古人民出版社 2007 年点校版，第 589 页。

[98] 谭其骧：《北河》，载谭其骧著：《长水集》（下册），北京：人民出版社 2011 年版，第 351 页。

[99] 督办运河工程总局编辑处编：《调查河套报告书》，民国十二年铅印本，载吉林大学

图书馆编：《吉林大学图书馆藏稀见方志丛刊》（第 3 册），北京：国家图书馆出版社 2013 年版，第 227~228 页。

［100］督办运河工程总局编辑处编：《调查河套报告书》，民国十二年铅印本，载吉林大学图书馆：《吉林大学图书馆藏稀见方志丛刊》（第 3 册），北京：国家图书馆出版社 2013 年版，第 242 页。

［101］绥远通志馆编纂：民国《绥远通志稿》（第五册）卷四十上，《水利》，呼和浩特：内蒙古人民出版社 2007 年点校版，第 589 页。

［102］在贻谷主持放垦之后，官员们虽然开始在土默特倡行水利，但水利建设基本上还是以民间力量为主导组织开展。（参见田宓《“水权”的生成——以归化城土默特大青山沟水为例》，《中国经济史研究》2019 年第 2 期，第 111~123 页。）

［103］韩德章：《绥远的农业》四《绥远的水利设施》，《社会科学杂志》第 2 卷第 3 期，1931 年 9 月，载李文海主编：《民国时期社会调查丛编》二编《乡村经济卷（中）》，福州：福建教育出版社 2004 年版，第 266~267 页。

［104］苏希贤：《王同春——河套水利开发的杰出人才》，载《内蒙古文史资料》第三十六辑《王同春与河套水利》，内部资料，1989 年版，第 43 页。

［105］陈耳东：《地商的杰出代表——王同春》，载《内蒙古文史资料》第三十六辑《王同春与河套水利》，内部资料，1989 年版，第 2~3 页。

［106］韩德章：《绥远的农业》四《绥远的水利设施》，《社会科学杂志》第 2 卷第 3 期，1931 年 9 月，载李文海主编：《民国时期社会调查丛编》二编《乡村经济卷（中）》，福州：福建教育出版社 2004 年版，第 266 页。

［107］督办运河工程总局编辑处编：《调查河套报告书》，民国十二年铅印本，载吉林大学图书馆：《吉林大学图书馆藏稀见方志丛刊》（第 3 册），北京：国家图书馆出版社 2013 年版，第 100 页。

［108］王文墀辑：《临河县志》卷中《纪略·渠道水利》，民国二十年刊印版，第 130~134 页。

［109］督办运河工程总局编辑处编：《调查河套报告书》，民国十二年铅印本，载吉林大学图书馆：《吉林大学图书馆藏稀见方志丛刊》（第 3 册），北京：国家图书馆出版社 2013 年版，第 100 页。

［110］绥远通志馆编纂：民国《绥远通志稿》（第五册）卷四十上，《水利》，呼和浩特：内蒙古人民出版社 2007 年点校版，第 672 页。

［111］绥远通志馆编纂：民国《绥远通志稿》（第五册）卷四十上，《水利》，呼和浩特：内蒙古人民出版社 2007 年点校版，第 672~673 页。

［112］绥远通志馆编纂：民国《绥远通志稿》（第五册）卷四十下，《水利》，呼和浩特：内蒙古人民出版社 2007 年点校版，第 778 页。

［113］王文墀辑：《临河县志》卷中《纪略·农业林业纪略》，民国二十年刊印版，第 184 页。

［114］历史时期中国农业发展包括农田面积的扩大与农业生产精细化程度提高两个主要方面，这些都离不开对水资源的开发利用与水利建设。

［115］韩茂莉：《十里八村：近代山西乡村社会地理研究》，北京：生活·读书·新知三联书店 2017 年版，第 225~226 页。

［116］包庆德：《生态哲学的功能与生态素质的提升》，《中国环境管理干部学院学报》2010 年第 2 期，第 1~3、17 页。

［117］费孝通主编：《中华民族多元一体格局》，北京：中央民族大学出版社 1999 年版，第 4 页。

［118］张研：《17—19 世纪中国的人口与生存环境》，合肥：黄山书社 2008 年版，第 264 页。

［119］［法］古伯察：《鞑靼西藏旅行记》，耿昇译，北京：中国藏学出版社 1991 年版，第 205~206 页。

［120］（清）麒庆：《奉使鄂尔多斯行记》，载毕奥南整理：《清代蒙古游记选辑三十四种》上册，北京：东方出版社 2015 年版，第 507 页。

［121］唐克丽、王斌科、郑粉莉、张胜利、时明立、方学敏：《黄土高原人类活动对土壤侵蚀的影响》，《人民黄河》1994 年第 2 期，第 13~16 页。

［122］［俄］波兹德涅耶夫：《蒙古及蒙古人》（第二卷），张梦玲、郑德林、卢龙、孟素荣、刘明汉译，呼和浩特：内蒙古人民出版社 1983 年版，第 43 页。

［123］［俄］波兹德涅耶夫：《蒙古及蒙古人》（第二卷），张梦玲、郑德林、卢龙、孟素荣、刘明汉译，呼和浩特：内蒙古人民出版社 1983 年版，第 142~143 页。

［124］绥远通志馆编纂：《绥远通志稿》（第 5 册）卷三十八上《垦务·清光绪间贻谷主办蒙垦始末》，民国二十六年版，呼和浩特：内蒙古人民出版社 2007 年点校版，第 189~190 页。

［125］（清）堃岫：《堃岫具奏历年西盟垦地渠工援案恳请恩准实用实销以期名实相副一折（宣统三年八月）》，载内蒙古自治区档案馆主编：《清末内蒙古垦务档案汇编》，呼和浩特：内蒙古人民出版社 1999 年版，第 1307 页。

［126］赵全兵、朝克：《内蒙古中西部垦务志》，呼和浩特：内蒙古大学出版社 2008 年版，第 59、161 页。

［127］督办运河工程总局编辑处编：《调查河套报告书》，民国十二年铅印本，载吉林大学图书馆编：《吉林大学图书馆藏稀见方志丛刊》（第 3 册），北京：国家图书馆出版社 2013 年版，第 260 页。

［128］边疆通信社修纂：《伊克昭盟志》第三章《伊盟地理与物产》第三节《草原与沙漠》，1939 年铅印本，呼和浩特：内蒙古大学出版社 2017 年版，第 36~37 页。

［129］史念海：《黄土高原历史地理研究》，郑州：黄河水利出版社 2001 年版，第 415 页。

［130］边疆通信社修纂：《伊克昭盟志》第三章《伊盟地理与物产》第四节《植物的分布》，1939 年铅印本，呼和浩特：内蒙古大学出版社 2017 年版，第 39 页。

［131］文焕然、何业恒：《中国森林资源分布的历史概况》，载文焕然等：《中国历史时期植物与动物变迁研究》，重庆：重庆出版社 2006 年版，第 12 页。

［132］费孝通：《乡土中国》，北京：生活·读书·新知三联书店 1985 年版，第 2~3 页。

［133］陈平：《单一的小农经济结构是我国长期动乱和贯穿的根源》，《光明日报》1979 年 11 月 16 日。

［134］吴承忠、邓辉、舒时光：《清代陕蒙交界地区的土地开垦过程》，《地理研究》2014 年第 8 期，第 1579~1592 页。

# 结语

黄河——一直被誉为中华民族的"母亲河","母亲"一词包含着黄河所蕴含的深厚人文关怀与历史底蕴。纵观中华民族的发展变迁历史，黄河可谓是中华民族的摇篮，孕育了中华民族从萌生到繁衍生息以至创造出辉煌灿烂中华文明的发展历史，同时也哺育了世世代代的中华儿女，更见证了中华文明的诞生及从蛮荒时代走向辉煌的文明演进历史。因此，无论是作为自然地理景观，还是作为具有丰厚人文内涵的历史载体，黄河都是中华文明所不可或缺的重要组成部分。因而在中国人的眼中，黄河不仅仅是一条巨大的河流，更是国家政权与历史文明的象征，黄河本身的历史与现实意义对于中国人来说极为重要，是考察中国历史文化所不可避开的重要环节。

以黄河为标志的"黄河文明"及相关学术问题探讨，无论是在国内还是国际学术界都产生过深远影响且研究热潮仍在持续，并经历了不同的研究发展阶段。20世纪60年代之前，国际学术界曾把中国文明概括为"黄河文明"，并将黄河文明与埃及的尼罗河文明、西亚的两河流域文明、印度的印度河文明并称为世界四大文明。20世纪70年代以来，在长江流域发现的新石器时代遗迹日益丰富，日本学者伊藤道治以此撰文提出中国文明应称为"河江文明"，这里的"河"就是黄河，"江"指的是长江。到20世纪80年代后期，苏秉琦先生提出中国早期文明的"满天星斗"说。但由于黄河流域的早期文明与夏商周王朝文明是联系在一起的，所以在"满天星斗"中，黄河文明的重心地位并没有被动摇。[1]此外，还有学者将历史时期中国文化区依据地理区位进行划分，即"特定生产生活方式的特点决定了其蕴含的文化特征。中国四大文化板块从北向南依次为草原高原文化板块、黄河文化板块、长江文化板块、海洋文化板块"[2]。因此，黄河在中华文明体系中产生的深远历史影响及扮演的重要历史角色都是不言而喻的，代表中国演绎的辉煌灿烂与厚重久远的文明历史，值得我们今人进行深入探讨。

早在人类产生初期的远古社会，黄河就已成为中国境内人类祖先生存繁衍的重要地区。黄河及其支流流经的数千里流域之内，气候温和宜人、水资源充沛，能够满足人类生存与农牧业经济在历史时期内的繁荣发展，因而吸引了人类祖先定居于此。因此，在中国，黄河流域无疑是中国原始农业的起源地，根据韩茂莉的解释，最初的原始农业主要分布在黄河两岸的冲击沃土之上，"这里地势平坦，气候温和，加之疏松易耕的黄土冲积层，自然条件适宜经营农业，故从仰韶文化、龙山文化等史前社会开始，这里就出现了原始农业"[3]。进入到原始部落及国家形态以后，无论是传说时代的"三皇五帝"、奴隶制社会时期的"夏""商""周"三代，还是后来的"西汉""东汉""隋""唐"及"北宋"等几个强盛的大一统王朝，其控制疆域的核心区无一不是出现在黄河流域，并以黄河流域为中心将控制及影响区域向周边地区辐射。与此同时，许多古代能够反映中华文明发展水平的经典著作也多与黄河有关，科学技术、城镇聚落、文学艺术、历史巨著等等，也多是产生于黄河流域或以黄河流域为创作对象。因此，人们通常所说的黄河孕育了中华文明、哺育了中华民族等说法无疑是有其历史依据的，我想，将黄河视为中华民族的"母亲河"可能也是基于此种考虑。

黄河流域广阔，以今日之行政区划来看，黄河流域跨越了九个省区（包括青海、四川、甘肃、宁夏、内蒙古自治区、陕西、山西、河南及山东），沿黄河流域保留的人类文化遗产极其丰富。黄河文化的凝聚力和辐射力，促使华夏文明不断走向融合，并以黄河文明为中心形成中华民族共同的精神内核。保护好黄河文化遗产、弘扬好黄河文化，对延续历史文脉、实现中华优秀传统文化的创造性转化和创新性发展具有不可替代的作用。[4]由此观之，文化是黄河留给我们当代中国人的重要历史遗产。以今日之视角来看，生态环境、经济发展和文化建设是一体的，相互促进又相互影响，一个没有文化的民族或者国家是没有希望的，其经济发展也不可能持续和长远。[5]因此，自古至今，黄河都是学者进行学术研究与文人墨客吟风弄月的重要对象，并演绎出了辉煌灿烂的黄河文明。唐代著名诗人李白在《将进酒·君不见》一诗中写道："君不见，黄河之水天上来，奔流到海不复回。"李白在诗中所描绘的黄河之水气势磅礴，如从天而降，一泻千里，其势不可当。这是文人笔下描绘的黄河，纵观历朝各代流传下来的史料，有关黄河的描述与考察研究不绝于史，这些都是我们研究历史时期黄河文明的重要参照对象。

时至今日，黄河也是各自然与人文社会学科的重要研究对象，相关研究成果层出不穷。如在自然科学领域，实现"黄河水清"自古以来就是中华民族的一个美好梦想，中国科学院资深院士、国际著名土壤学与水土保持专家朱显谟为了这个"黄河水清"[6]的梦想努力奋斗了半个多世纪，当下学界有关黄河的科学探索仍在持续；在人文社会科学领域，有关黄河历史与现实问题的研究也呈现出繁荣发展的盛况，中国社会科学院学部委员王震中指出：从黄河流域灿烂的新石器文化，到"邦国"文明的诞生，到作为文化基因的正统观和"大一统"观念的形成，到礼乐文明与理性人文基因的养成，再到"自在"的中华民族的形成，这五个方面充分展示了黄河文化的丰富内涵及其历史意义。[7]此外，在"中国知网"检索"黄河"这一关键词，收录的相关学

术文章多达数十万篇，那些未被收录的文章及学术专著更是难计其数。有关黄河问题研究的繁荣也体现出黄河在当代中国人视野中仍旧占据着重要地位，无论是对黄河历史文化价值的发掘，还是当代黄河相关学术问题研究的普遍开展，都是黄河自身价值的重要体现。

21世纪以来，党和国家高度重视黄河流域的生态环境保护与黄河文化发掘。习近平总书记对此更是予以了高度重视。习近平总书记曾多次考察黄河，并主持召开以黄河流域生态保护和高质量发展等为议题的座谈会，努力推动制定黄河流域生态保护和高质量发展国家战略。如2019年9月18日，习近平总书记在黄河流域生态保护和高质量发展座谈会上的讲话中指出："黄河是中华民族的母亲河。我一直很关心黄河流域的生态保护和高质量发展。党的十八大以来，我多次实地考察黄河流域生态保护和发展情况，多次就三江源、祁连山、秦岭等重点区域生态保护建设提出要求。2014年3月，我到兰考县调研指导党的群众路线教育实践活动，专程前往东坝头乡张庄村考察，那里也是焦裕禄同志当年找到防治风沙良策并首先取得成功的地方。上个月，我在甘肃考察期间专门调研了

黄河流域生态保护和经济发展。这次来又考察了黄河河南段防洪等相关工作。"[8]2020年8月31日，习近平总书记主持召开中央政治局会议，审议通过了《黄河流域生态保护和高质量发展规划纲要》，标志着黄河治理与环境保护进入了新的时代。与此同时，习近平总书记还强调指出，保护黄河是事关中华民族伟大复兴的千秋大计，黄河流域生态保护和高质量发展是重大国家战略。黄河流域生态保护和高质量发展，既是黄河流域社会经济发展的客观需求，更是新时代黄河文化价值转变的内在推动，是中华文化绵延发展的现代性驱引。[9]由此可见，新时代以来党和国家对黄河给予了前所未有的高度重视。

新时代以来，保护与治理黄河生态环境是当前国家乃至相关部门的重要工作内容。换句话说，营造或维持一个良好的生态环境，是黄河文明延续与继续繁荣发展的必要前提。对于当代黄河文化发掘，有学者继续申明指出："黄河文化和生态、经济建设是同步的和一体的。只有依靠文化的支持和科学认识的指导，才能保障生态文明和经济建设的健康发展。因此，黄河文化的发掘、传承和弘扬，与生态、经济建设不是两层皮，而是互相为用的

密切关系。我们必须上升到这样的高度来认识黄河文化所扮演的时代角色，才能充分发挥其历史价值和使命担当。"[10]因此，活在当下，我们也应该从本专业或本研究领域出发，以自己的专长或视角为保护黄河及发掘黄河文明贡献力量。

三卷本《内蒙古黄河历史文化》的创作便是基于此种考虑，回顾过去，立足现在，展望未来，黄河文化的保护与开发也要与时俱进。陈鹏也指出："黄河文化不要总往后看，而要向前看。旧的范畴可以注入新的内涵，这使得古代思想文化范畴的内涵随历史发展而发展。"[11]本书的创作以鄂尔多斯博物馆为平台，组织历史学、文物与博物馆学、考古学、社会学、地理学等多个研究领域的从业人员参与其中，建立在实地考察的基础上并展开充分讨论，以我们的独特视角向社会述说内蒙古黄河历史文化。与此同时，当前学术界也开始注意到弘扬与发展黄河文化的第一步就是要"加强对黄河文化遗产的梳理研究，编制黄河文化遗产名录，加快黄河文化系列丛书的编纂出版，建立文化遗产数据库，实现文化遗产资源的共建共享，以世代保存宝贵的文化遗产资源。其次要大力弘扬黄河文化，以新民俗引领社会新

风尚"[12]。这一建议是在当前学术研究新的机遇与平台基础上提出的，尤其是"黄河文化遗产"与"数据库"等新概念与新方法的提出，既需要利用当前学界普遍运用的新兴技术手段，同时也离不开对历史遗存或传世文献的发掘。

最后需要指出的是，在编著三卷本《内蒙古黄河历史文化》的初期，鄂尔多斯博物馆召开多次会议集中探索创作模式，与会专家多次提出，从历史中发掘文化必须要处理好历史与文化之间的关系。有学者对此指出："文化是从历史整体生存性实践土壤中孕育形成的，并产生强大力量反作用于实践，它们之间的互动关系把握得好，可以推进社会进步；处理不当，则会对社会发展产生阻碍作用。"[13]因此，在历史中发掘内蒙古黄河流域文化是本书创作的基本脉络，也是核心要旨所在。三卷本《内蒙古黄河历史文化》是建立在历史实物与遗迹的基础上，结合历史文献与今人研究成果讲述内蒙古黄河流域的历史文明，此三卷书以时间为叙述的主要线索，将上自旧石器时代下至清代的万余年历史分为三卷十一个专题（章）展开叙述，依时间顺序分别是旧石器时代、新石器时代、青铜器时代、秦汉时期、魏晋南北朝时期、隋唐时期、宋辽西夏金时期、蒙元时期、明代与清代共十个断代专题，以及史前农耕与游牧经济更迭一个专题。[14]以此种方式展开此三卷本著作的编著，无疑可以视为一次全新的学术探索，我们也期待学界的检验。

## 注释

[1] 王震中：《黄河文化内涵与中国历史根脉》，《中国社会科学报》2021年1月29日，第005版。

[2] 陈鹏：《黄河文化的多重精神特质及符号构建》，《人民论坛》2020年第25期，第135~137页。如今再进行细致划分，还可划分为关东文化区、燕赵文化区、黄土高原文化区、中原文化区、齐鲁文化区、淮河流域文化区、巴蜀文化区、荆楚文化区、鄱阳文化区、吴越文化区、岭南文化区、台湾海峡文化区、西南少数民族文化区、蒙新草原沙漠游牧文化区、青藏高原游牧文化区。其中黄河文化板块主要包括蒙新草原沙漠游牧文化区、黄土高原文化区、中原文化区和齐鲁文化区。

[3] 韩茂莉：《中国历史农业地理》（上），北京：北京大学出版社2012年版，第52页。

[4] 卢冰：《保护黄河文化遗产　延续华夏历史文脉》，《中国社会科学报》2020年9月21日，第004版。

[5] 牛建强：《抓住保护、传承和弘扬黄河文化新的历史机遇》，《人民黄河》2019年第10期，第156页。作者在解读习近平总书记有关黄河的重要指示时指出：“生态、经济和文化建设应是一盘棋，应具全局性。黄河流域的生态、经济建设皆离不开黄河文化的制约，要善于利用黄河文化的积极内容。同样，黄河流域生态、经济建设也为新时期黄河文化内涵的充实、发展提供物质动力和实践基础。”

[6] 据统计，自1949年中华人民共和国成立至今，黄河未曾决口，近20年来黄河的含沙量年累计下降已经超过了八成，水沙治理取得了显著成效，生态环境持续明显向好。（参见陈鹏：《黄河文化的多重精神特质及符号构建》，《人民论坛》2020年第25期，第135~137页。）

[7] 王震中：《黄河文化内涵与中国历史根脉》，《中国社会科学报》2021年1月29日，第005版。

[8] 习近平：《在黄河流域生态保护和高质量发展座谈会上的讲话》，《水利建设与管理》2019年第11期，第1~3、6页。

[9] 王厚军：《新时代黄河文化的价值转变及实现路径浅析》，《出版参考》2021年第1期，第45~46、51页。

[10] 牛建强：《抓住保护、传承和弘扬黄河文化新的历史机遇》，《人民黄河》2019年第10期，第156页。

[11] 陈鹏：《黄河文化的多重精神特质及符号构建》，《人民论坛》2020年第25期，第135~137页。

[12] 卢冰：《保护黄河文化遗产　延续华夏历史文脉》，《中国社会科学报》2020年9月21日，第004版。此外，作者还分别就当下保护与发展黄河文化提出另外三点建议，

分别是：第一，"要大力弘扬黄河文化，以新民俗引领社会新风尚。在研究黄河历史文化资源的基础上，深入挖掘黄河文化蕴含的精神内涵和时代价值。黄河流域的农耕文明孕育了中国的传统节日，新时代人民为传统节日注入新活力，音乐快闪、指尖祝福、灯光秀等新民俗日益成为中华儿女表达美好祝福的方式。新民俗的吸引力、感染力和传播力，让传统节日焕发生机，也满足了人民群众日益增长的精神文化需求。培育好、引导好新民俗文化，对于进一步激发爱国主义、民族自信心和自豪感，推动社会主义核心价值观落地生根具有十分重要的意义"。第二，"要大力弘扬'团结、务实、开拓、拼搏、奉献'的黄河精神。习近平总书记曾明确指出，黄河文化是中华文明的重要组成部分，是中华民族的根和魂。黄河水害频发，'三年两决口、百年一改道'，中华儿女治理黄河的历史也是一部自强不息、艰苦奋斗的历史。黄河以百折不挠的磅礴气势塑造了中华民族自强不息的民族品格，大力弘扬黄河精神，才能更好地激励华夏儿女对中华民族的认同感、自豪感和归属感"。第三，"积极推动黄河文化走出去，增强文化自信。黄河是中华民族繁衍生息的摇篮，自夏至北宋，黄河流域一直是我国政治、经济、文化的中心，黄河文明孕育了炎黄子孙共同的民族情感和文化认同。以人文遗址为依托，以寻根文化为主题，举办各种文化、经贸交流活动，培根铸魂，传承中华文明，延续华夏文脉"。

[13] 陈鹏：《黄河文化的多重精神特质及符号构建》，《人民论坛》2020年第25期，第135~137页。

[14] 需要指出的是，农耕与游牧经济的更迭及农牧交错带的形成并非是在某一特定历史阶段完成的，而是经历了一个长期的演变过程，因而本书将此作为一个独立于各断代史的专题进行专门介绍。

# 参考文献

## 一、古籍、档案史料

1. （西汉）司马迁：《史记》，北京：中华书局点校版，1959年。

2. （东汉）班固：《汉书》，北京：中华书局点校版，1962年。

3. （南朝宋）范晔：《后汉书》，北京：中华书局点校版，1965年。

4. （西晋）陈寿：《三国志》，北京：中华书局点校版，1964年。

5. （北齐）魏收：《魏书》，北京：中华书局点校版，1974年。

6. （唐）魏徵等：《隋书》，北京：中华书局点校版，1973年。

7. （北宋）欧阳修等：《新唐书》，北京：中华书局点校版，1975年。

8. （北宋）欧阳修等：《新五代史》，北京：中华书局点校版，1974年。

9. （元）脱脱等：《宋史》，北京：中华书局点校版，1977年。

10. （元）脱脱等：《辽史》，北京：中华书局点校版，1974年。

11. （明）宋濂：《元史》，北京：中华书局点校版，1976年。

12. （清）张廷玉等：《明史》，北京：中华书局点校版，1974年。

13. （唐）杜佑著，王文锦、王永兴、刘俊文等点校：《通典》，北京：中华书局点校版，1988年。

14. （北宋）沈括：《梦溪笔谈》，北京：中华书局影印版，1959年。

15. （南宋）叶隆礼著，贾敬颜、林荣贵点校：《契丹国志》，上海：上海古籍出版社点校版，1985年。

16. （南宋）李焘著，上海师范大学古籍整理研究所、华东师范大学古籍研究所点校：《续资治通鉴长编》，北京：中华书局影印版，1995年。

17. （元）胡祇遹：《紫山大全集》，台北：台湾商务印书馆，1986年。

18. 《明太祖实录》，台北：台湾史语所校印本，1962年。

19. （明）陈子龙等编：《明经世文编》，北京：中华书局影印版，1962年。

20. （明）严从简著，余思黎点校：《殊域周咨录》，北京：中华书局点校版，2000年。

21. （明）杨一清著，唐景绅、谢玉杰点校：《杨一清集》，北京：中华书局点校版，2001年。

22. （清）顾炎武著，严文儒、戴扬本点校：《顾炎武全集》，上海：上海古籍出版社点校版，2012年。

23. 《大清会典》光绪二十五年刻本，台北：新文丰出版公司影印版，1976年。

24. 中国第一历史档案馆等：《清实录》，北京：中华书局影印版，1986年。

25. （清）董诰等：《全唐文》，北京：中华书局影印版，1983年。

26. （清）王锡祺：《小方壶斋舆地丛钞》，杭州：杭州古籍书店影印版，1985年。

27. （清）徐珂：《清稗类钞》第一册《地理类·河套》，北京：中华书局影印版，2017年。

28. （清）傅恒等撰：《平定准噶尔方略》第一卷，西藏社会科学院西藏学汉文文献编辑室编辑：《西藏学汉文文献汇刻》第二辑，全国图书馆缩微复制中心影印本，1991年。

29. "国立故宫博物院"编：《宫中档雍正朝奏折》，台北：台湾出版社，1979年。

30. 中国社会科学院中国边疆史地研究中心编：《乾隆朝内府抄本〈理藩院则例〉》，载《清代理藩院资料辑录》，全国图书馆文献缩微复制中心1988年版，兰州大学丝绸之路文化开发经营中心激光印刷部印刷。

31. 彭泽益：《中国近代手工业史资料（2）》，上海：生活·读书·新知三联书店，1957年。

32. 薄音湖、王雄编辑点校：《明代蒙古汉籍史料汇编》（第一辑），呼和浩特：内蒙古大学出版社点校版，1994年。

33. 薄音湖、王雄编辑点校：《明代蒙古汉籍史料汇编》（第二辑），呼和浩特：内蒙古大学出版社点校版，2000年。

34. 薄音湖编辑点校：《明代蒙古汉籍史料汇编》（第四辑），呼和浩特：内蒙古大学出版社，2007年。

35. 中国第一历史档案馆译编：《雍正朝满文朱批奏折全译》，合肥：黄山书社，

1998年。

36. 内蒙古自治区档案馆编：《清末内蒙古垦务档案汇编》，呼和浩特：内蒙古人民出版社，1999年。

37. 中国第一历史档案馆编：《清代奏折汇编——农业·环境》，北京：商务印书馆，2005年。

38. 毕奥南整理：《清代蒙古游记选辑三十四种》，北京：东方出版社点校版，2015年。

## 二、地方史志、调查报告资料

1. （清）文秀修，（清）卢梦兰纂：《新修清水河厅志》（光绪九年版），呼和浩特：远方出版社点校版，2009年。

2. （清）贻谷等修，（清）高赓恩纂：《归绥道志》（光绪三十三年版），呼和浩特：远方出版社点校版，2007年。

3. （清）李熙龄纂修，马少甫点校：《榆林府志》，上海：上海古籍出版社点校版，2014年。

4. 杨葆初撰：《集宁县志》，载《中国方志丛书·塞北地方》（第13册），台北：成文出版社影印版，1969年。

5. 陈继淹修，许闻诗纂：《张北县志》，载《中国方志丛书·塞北地方》（第35册），台北：成文出版社影印版，1969年。

6. 孙斌纂，李晓秋点校，胡云晖审定：《包头市志》（1943年版），呼和浩特：远方出版社点校版，2011年。

7. 绥远通志馆编纂：《绥远通志稿》（1947版），呼和浩特：内蒙古人民出版社点校版，2007年。

8. 郑植昌修，郑裕孚纂，忒莫勒点校，王珺、刘成法审定：《归绥县志》，呼和浩特：远方出版社影印版，2012年。

9. 边疆通信社修纂：《伊克昭盟志》（1939年铅印本），呼和浩特：内蒙古大学出版社点校版，2017年。

10. 伊克昭盟地名委员会编：《伊克昭盟地名志》，内部刊印，1986年。

11. 王振贵主编：《内蒙古自治区志·水利志》，呼和浩特：内蒙古人民出版社，2007年。

12. 内蒙古图书馆编：《内蒙古历史文献丛书》之四《筹蒙刍议》，呼和浩特：远方出版社点校版，2008年。

13. 瞿宣颖纂辑，戴维校点：《中国社会史料丛钞》，长沙：湖南教育出版社，2009年。

14. 吉林大学图书馆编：《吉林大学图书馆藏稀见方志丛刊》，北京：国家图书馆出版社，2013年。

15. 李文海主编：《民国时期社会调查丛编》二编《少数民族卷》，福州：福建教育出版社，2014年。

16. 丁世良、赵放：《中国地方志民俗资料汇编·华北卷》，北京：书目文献出版社，1989年。

17. 潘复：《调查河套报告书》，北京：京华书局，1923年。

18. 李红权、朱宪主编：《近代蒙古文献大系·概览卷》（第1—8册），北京：中华书局点校版，2018年。

19. 呼和浩特市地方志编修办公室：《呼和浩特史料》（第四集），内部刊印，1984年。

20. 韩德章：《绥远的农业》四《绥远的水利设施》，《社会科学杂志》第2卷第3期，1931年9月，载李文海主编：《民国时期社会调查丛编》二编《乡村经济卷（中）》，福州：福建教育出版社2004年版。

21. 苏希贤：《王同春——河套水利开发的杰出人才》，载《内蒙古文史资料》第三十六辑《王同春与河套水利》，内部资料，1989年版。

22. 陈耳东：《地商的杰出代表——王同春》，载《内蒙古文史资料》第三十六辑《王同春与河套水利》，内部资料，1989年版。

## 三、译文著作

1. ［德］马克思、［德］恩格斯：《马克思恩格斯全集》（第1卷），中共中央马克思恩格斯列宁斯大林著作编译局编译，北京：人民出版社1995年。

2. ［德］马克思、［德］恩格斯:《马克思恩格斯文集》(第3卷),中共中央马克思恩格斯列宁斯大林著作编译局编译,北京:人民出版社,2009年。

3. ［德］马克思、［德］恩格斯:《马克思恩格斯选集》(第4卷),中共中央马克思恩格斯列宁斯大林著作编译局编译,北京:人民出版社,1995年。

4. ［德］马克思:《资本论》(第1卷),中共中央马克思恩格斯列宁斯大林著作编译局编译,北京:人民出版社2004年。

5. ［苏联］乌拉吉米索夫:《蒙古社会制度史》,瑞永译,蒙古文化馆,1939年。

6. ［英］查尔斯·罗伯特·达尔文:《动物和植物在家养状态下的变异》,叶笃庄、方宗熙译,北京:科学出版社,1982年。

7. ［俄］波兹德涅耶夫:《蒙古及蒙古人》(第二卷),张梦玲、郑德林、卢龙、孟素荣、刘明汉译,呼和浩特:内蒙古人民出版社,1983年。

8. ［英］阿诺尔德·汤因比:《历史研究》,曹未风等译,上海:上海人民出版社,1985年。

9. ［意］图齐、［西德］海西希:《西藏和蒙古的宗教》,耿升译,天津:天津古籍出版社,1989年。

10. ［法］古伯察:《鞑靼西藏旅行记》,耿昇译,北京:中国藏学出版社,1991年。

11. ［德］奥斯瓦尔德·斯宾格勒:《西方的没落》,齐世荣等译,北京:商务印书馆,2001年。

12. ［日］江上波夫等:《蒙古高原行纪》,《蒙古杂记·内蒙古高原居民的生活》,赵令志译,呼和浩特:内蒙古人民出版社,2007年。

13. ［美］拉铁摩尔:《中国的亚洲内陆边疆》,唐晓峰译,南京:江苏人民出版社,2008年

14. ［法］谢和耐:《中国社会史》,黄建华、黄迅余译,南京:江苏人民出版社,2010年版。

15. ［日］泽田勳:《匈奴:古代游牧国家的兴亡》,呼和浩特:内蒙古人民出版社,2010年。

16. ［美］巴菲尔德:《危险的边疆:游牧帝国与中国》,袁剑译,南京:江苏人民出版社,2011年。

17. ［美］斯塔夫里阿诺斯:《全球通史:从史前史到21世纪》(第7版),吴象婴、梁赤民、董书慧、王昶译,吴象婴审校,北京:北京大学出版社,2012年。

18. ［美］贾雷德·戴蒙德:《枪炮、病菌与钢铁:人类社会的命运》,谢延光

译，上海：上海译文出版社，2016年。

19. ［日］杉山正明：《游牧民的世界史》，黄美蓉译，北京：中华工商联合出版社，2016年。

20. ［美］柯文：《在中国发现历史——中国中心观在美国的兴起》，林同奇译，北京：社会科学文献出版社，2017年。

21. ［美］何炳棣：《黄土与中国农业起源》，北京：中华书局，2017年。

22. ［法］张诚：《耶稣会士、法国传教士张诚鞑靼旅行记》，刘晓明、王书健译，杨品泉校，载中国社会科学院历史研究所清史研究室编：《清史资料》（第五辑），北京：中华书局点校版，1984年。

# 四、研究专著

1. 中国大百科全书总编辑委员会《考古学》编辑委员会编：《中国大百科全书·考古学》，北京：中国大百科全书出版社，1986年。

2. 宋迺工主编：《中国人口·内蒙古分册》，北京：中国财政经济出版社，1987年。

3. 沈怡：《中国之河工》（德文），德国德兰诗顿工业大学博士学位论文，1924年。

4. 文焕然：《秦汉时代黄河中下游气候研究》，北京：商务印书馆，1959年。

5. 王毓铨：《明代的军屯》，北京：中华书局，1965年。

6. 沈怡：《黄河问题讨论集》，台北：台湾商务印书馆，1979年。

7. 林幹：《匈奴史》，呼和浩特：内蒙古人民出版社，1979年。

8. 钟侃主编：《宁夏文物述略》，银川：宁夏人民出版社，1980年。

9. 史念海：《河山集》（第二集），北京：生活·读书·新知三联书店，1981年。

10. 萨冈彻辰：《蒙古源流》，呼和浩特：内蒙古人民出版社，1981年。

11. 荣祥、荣赓麟：《土默特沿革》，内蒙古土默特左旗文化局，1981年。

12. 谭其骧主编：《中国历史地图集》，北京：中国地图出版社，1982年。

13. 杨懋春：《人文区位学》，台北：五南图书出版公司，1983年。

14. 吴鸿宾等编著：《内蒙古自治区主要气象灾害分析》，北京：气象出版社，1990年。

15. 林幹主编：《匈奴史论文选集（1919~1979）》，北京：中华书局，1983年。

16. 王国维：《观堂集林》，北京：中华书局，1984年。

17. 中国科学院黄土高原综合科学考察队：《黄土高原地区土地资源》，北京：中国科学出版社，1991年。

18. 蒙古文物考古研究所编：《内蒙古中南部原始文化研究文集》，北京：海洋出版社，1991年。

19. 费孝通：《乡土中国》，北京：生活·读书·新知三联书店，1985年。

20. 林幹：《匈奴通史》，北京：人民出版社，1986年。

21. 札奇斯钦：《蒙古文化与社会》，台北：台湾商务印书馆，1987年。

22. 张波：《西北农牧史》，西安：陕西科技出版社，1989年。

23. 吉林大学考古学系编：《青果集——吉林大学考古专业成立二十周年考古论文集》，北京：知识出版社，1993年。

24. 王幼平：《中国远古人类文化的源流》，北京：科学出版社，2005年。

25. 田广金、郭素新：《北方文化与匈奴文明》，南京：江苏教育出版社，2005年。

26. 瞿大风：《元朝时期的山西地区——政治·军事·经济篇》，沈阳：辽宁民族出版社，2005年。

27. 赵珍：《清代西北生态变迁研究》，北京：人民出版社，2005年。

28. 王建武：《中国土地退化与贫困问题研究》，北京：新华出版社，2005年。

29. 潘乃谷、马戎：《边区开发论著》，北京：北京大学出版社，1993年。

30. 周清澍主编：《内蒙古历史地理》，呼和浩特：内蒙古大学出版社，1994年。

31. 李中清、郭松义主编：《清代皇族人口行为和社会环境》，北京：北京大学出版社，1994年。

32. 高延青主编：《呼和浩特经济史》，北京：华夏出版社，1995年。

33. 郑天挺、谭其骧主编：《中国历史大辞典·历史地理》，上海：上海辞书出版社，1996年。

34. 苏秉琦主编：《考古学文化论集》（第四集），北京：文物出版社，1997年。

35. 乌日吉图主编：《内蒙古大事记》，呼和浩特：内蒙古人民出版社，1997年。

36. 史念海：《河山集》（第六集），太原：山西人民出版社，1997年。

37. 王镇：《中国蒙古族人口》，呼和浩特：内蒙古大学出版社，1997年版。

38. 广州博物馆编：《地球历史与生命演化》，上海：上海古籍出版社，2006年。

39. 王明珂：《华夏边缘：历史记忆与族群认同》，北京：社会科学文献出版社，2006年。

40. 郭松义、张泽咸：《中国屯垦史》，北京：文津出版社，1997年。

41. 吉林大学考古系编：《青果集——吉林大学考古系建系十周年纪念文集》，北京：知识出版社，1998年。

42. 黄时鉴编：《东西交流史论稿》，上海：上海古籍出版社，1998年。

43. 王立新：《早商文化研究》，北京：高等教育出版社，1998年。

44. 色音：《蒙古游牧社会的变迁》，呼和浩特：内蒙古人民出版社，1998年。

45. 苏秉琦：《中国文明起源新探》，北京：生活·读书·新知三联书店，1999年。

46. 德勒格：《内蒙古喇嘛教史》，呼和浩特：内蒙古人民出版社，1999年。

47. 费孝通主编：《中华民族多元一体格局》，北京：中央民族大学出版社，1999年。

48. 内蒙古自治区文物考古研究所，鄂尔多斯博物馆编：《朱开沟——青铜时代早期遗址发掘报告》，北京：文物出版社，2000年。

49. 罗泽珣等：《中国动物志》，北京：科学出版社，2000年。

50. 吴松弟：《中国人口史》第三卷《辽宋金元时期》，上海：复旦大学出版社，2000年。

51. 曹树基：《中国人口史》第四卷《明时期》，上海：复旦大学出版社，2000年。

52. 张秉毅：《与天地共生：鄂尔多斯生态现象》，呼和浩特：内蒙古人民出版社，2000年。

53. 何炳棣：《明初已降人口及其相关问题》，葛剑雄译，北京：生活·读书·新知三联书店，2000年。

54. 钱穆：《中国历史研究法》，北京：生活·读书·新知三联书店，2001年。

55. 史念海：《黄土高原历史地理研究》，郑州：黄河水利出版社，2001年。

56. 黄仁宇：《放宽历史的视界》，北京：生活·读书·新知三联书店，2001年。

57. 内蒙古文物考古研究所，清水河县文物管理所：《万家寨水利枢纽工程考古报告集》，呼和浩特：远方出版社，2001年。

58. 孟广耀：《蒙古民族通史》（第一卷），呼和浩特：内蒙古大学出版社，2002年。

59. 乌云毕力格，成崇德，张永江：《蒙古民族通史》（第四卷），呼和浩特：内蒙古大学出版社，2002年。

60. 宁夏文物考古研究所编著：《水洞沟——1980发掘报告》，北京：科学出版社，2003年。

61. 韩建业：《中国北方地区新石器时代文化研究》，北京：文物出版社，2003年。

62. 闫天灵：《汉族移民与近代内蒙古社会变迁研究》，北京：民族出版社，2004年。

63. 内蒙古博物院、华南师范大学地貌与区域环境研究所等编著：《萨拉乌苏河晚第四纪地质与古人类综合研究》，北京：科学出版社，2017年。

64. 韩茂莉：《十里八村：近代山西乡村社会地理研究》，北京：生活·读书·新知三联书店，2017年。

65. 董为主编：《第十六届中国古脊椎动物学学术年会论文集》，北京：科学出版社，2018年。

66. 王明珂：《游牧者的抉择：面对汉帝国的北亚游牧部族》，上海：上海人民出版社，2018年。

67. 钱穆：《中国历史精神》，贵阳：贵州人民出版社，2019年。

68. 鄂尔多斯青铜器博物馆编：《鄂尔多斯文物考古文集·第三辑》，内部刊印，2019年。

69. 张雯：《自然的脱嵌——建国以来一个草原牧区的环境与社会变迁》，北京：知识产权出版社，2016年。

70. 路战远编著：《中国北方农牧交错带生态农业产业化发展研究》，北京：中国农业出版社，2016年。

71. 马长寿：《乌桓与鲜卑》，桂林：广西师范大学出版社，2006年。

72. 韩茂莉：《草原与田园——辽金时期西辽河流域农牧业与环境》，北京：生活·读书·新知三联书店，2006年。

73. 高寿仙：《明代农业经济与农村社会》，合肥：黄山书社，2006年。

74. 肖瑞玲，曹永年，赵之恒等：《明清内蒙古西部地区开发与土地沙化》，北京：中华书局，2006年。

75. 文焕然等：《中国历史时期植物与动物变迁研究》，重庆：重庆出版社，2006年。

76. 盖志毅：《草原生态经济系统可持续发展研究》，北京：中国林业出版社，2007年。

77. 郭殿勇：《人·历史·环境——蒙元时期的内蒙古》，呼和浩特：内蒙古大学出版社，2007年。

78. 呼日勒沙：《草原文化区域分布研究》，呼和浩特：内蒙古人民出版社，2007年。

79. 郑度等：《中国生态地理区域系统研究》，北京：商务印书馆，2008年。

80. 张金龙：《北魏政治史二》，兰州：甘肃教育出版社，2008年。

81. 杨蕤：《西夏地理研究》，北京：人民出版社，2008年。

82. 晓克主编：《土默特史》，呼和浩特：内蒙古教育出版社，2008年。

83. 张研：《17—19世纪中国的人口与生存环境》，合肥：黄山书社，2008年。

84. 赵全兵、朝克：《内蒙古中西部垦务志》，呼和浩特：内蒙古大学出版社，2008年。

85. 满志敏：《中国历史时期气候变化研究》，济南：山东教育出版社，2009年。

86. 赵世瑜：《小历史与大历史：区域社会史的理念、方法与实践》，北京：生活·读书·新知三联书店，2010年。

87. 成崇德：《清代边疆民族研究》，北京：故宫出版社，2015年。

88. 苏秉琦著，赵汀阳、王星选编：《满天星斗：苏秉琦论远古中国》，北京：中信出版社，2016年。

89. 翦伯赞：《中国史纲》第一卷《史前史·殷周史》，北京：商务印书馆，2010年。

90. 高星等主编：《水洞沟——穿越远古与现代》，北京：科学出版社，2010年。

91. 农业部草原监理中心编：《草原执法理论与实践》，北京：中国农业出版社，2010年。

92. 刘晓莉：《中国草原保护法律制度研究》，北京：人民出版社，2015年。

93. 谭其骧：《谭其骧全集》（第一卷），北京：人民出版社，2015年。

94. 张久和主编：《内蒙古通史》第一卷《远古至唐代的内蒙古地区》，北京：人民出版社，2011年。

95. 任爱君主编：《内蒙古通史》第二卷《辽西夏金时期的内蒙古地区》，北京：人民出版社，2011年。

96. 宝音德力根主编：《内蒙古通史》第三卷《蒙元时期的内蒙古地区》，北京：人民出版社，2011年。

97. 乌云毕力格主编：《内蒙古通史》第四卷《明朝时期的内蒙古地区》，北京：人民出版社，2011年。

98. 齐木德道尔吉主编：《内蒙古通史》第五卷《清朝时期的内蒙古》，北京：人民出版社，2011年。

99. 刘钟龄主编：《内蒙古通史》第八卷《生态环境与生态文明》，北京：人民出版社，2011年。

100. 张芳、王思明主编：《中国农业科技史》，北京：中国农业科学技术出版社，2011年。

101. 陶继波：《近代河套地区的土地开垦与社会变迁研究（1825-1937）》，呼和浩特：内蒙古大学出版社，2011年。

102. 鄂尔多斯博物馆主编：《八百年不熄的神灯——祭祀成吉思汗的鄂尔多斯蒙古族历史文化》，呼和浩特：内蒙古大学出版社，2015年。

103. 刘振瑛主编：《品味大境门》（修订本），北京：国家行政学院出版社，2011年。

104. 韩茂莉：《中国历史农业地理》，北京：北京大学出版社，2012年。

105. 王元林，孟昭锋：《自然灾害与历代中国政府应对研究》，广州：暨南大学出版社，2012年。

106. 刘景纯：《明代九边史地研究》，北京：中华书局，2014年。

107. 韩茂莉：《中国历史地理十五讲》，北京：北京大学出版社，2015年。

108. 张家口日报社编著：《重走张库大道》，北京：中国经济出版社，2012年。

109. 陈胜前：《史前的现代化》，北京：科学出版社，2013年。

110. 段友文：《走西口移民运动中的蒙汉民族民俗融合研究》，北京：商务印书馆，2013年。

111. 鄂尔多斯博物馆编：《农耕 游牧·碰撞 交融——鄂尔多斯通史陈列》，北京：文物出版社，2013年。

112. 马大正主编：《中国边疆经略史》，武汉：武汉大学出版社，2013年。

113. 邢莉、邢旗：《内蒙古区域游牧文化的变迁》，北京：中国社会科学出版社，2013年。

114. 陈永志等主编：《鄂尔多斯文化遗产》，北京：文物出版社，2014年。

115. 魏坚、朱泓主编：《乌珠穆沁边疆考古国际学术研讨会论文集》，北京：科学出版社，2014年。

116. 葛剑雄：《西汉人口地理》，北京：商务印书馆，2014年。

117. 内蒙古自治区文化厅（文物局）、内蒙古自治区文物考古研究所编著：《内蒙古自治区长城资源调查报告·北魏长城卷》，北京：文物出版社2014年。

118. 余大钧译注：《蒙古秘史》，呼和浩特：内蒙古大学出版社，2014年。

119. 祝总斌：《评晋武帝的民族政策》，中国魏晋南北朝史学会编：《魏晋南北朝史研究》，成都：四川省社会科学院出版社，1986年。

120. 内蒙古自治区蒙古族经济史研究组编：《蒙古族经济发展史研究》（第一集），内部刊行，1987年。

121. 内蒙古文物考古研究所编：《内蒙古中南部原始文化研究文集》，北京：海洋出版社，1991年。

122. 吉林大学考古学系编：《青果集——吉林大学考古专业成立二十周年考古论文

集》，北京：知识出版社，1993年。

123. 吉林大学边疆考古研究中心编：《庆祝张忠培先生七十岁论文集》，北京：科学出版社，2004年。

124. 董恒宇、马永真主编：《草原文化》（第一辑），呼和浩特：内蒙古教育出版社2005年版。

125. 杨泽蒙主编：《鄂尔多斯文化遗产》，2013年版。

126. 魏坚、朱泓主编：《乌珠穆沁边疆考古国际学术研讨会论文集》，北京：科学出版社2014年版。

127. 鄂尔多斯市鄂尔多斯学研究会编：《鄂尔多斯学研究成果丛书》（历史类），2014年。

128. 董为主编：《第十六届中国古脊椎动物学学术年会论文集》，北京：科学出版社，2018年。

129. 鄂尔多斯青铜器博物馆编：《鄂尔多斯文物考古文集·第三辑》（上册），内部刊印，2019年。

130. 吴保生、王平、张原锋：《黄河内蒙古河段河床演变研究》，北京：科学出版社2016年版。

131. 冀朝鼎：《中国历史上的基本经济区》，朱诗鳌译，北京：商务印书馆2016年第2版。

132. 谭其骧：《北河》，载谭其骧著：《长水集》（下册），北京：人民出版社2011年版。

# 五、学位论文

1. 尚新丽：《西汉人口研究》，郑州：郑州大学博士学位论文，2003年。

2. 何彤慧：《毛乌素沙地历史时期环境变化研究》，兰州：兰州大学博士学位论文，2008年。

3. 党郁：《内蒙古地区新石器时代至青铜时代建筑技术史》，呼和浩特：内蒙古师范大学博士学位论文，2015年。

4. 张小永：《明代河套地区汉蒙关系研究》，西安：陕西师范大学博士学位论文，2015年。

5. 王兴锋：《秦汉魏晋时期尔多斯高原民族地理研究》，西安：陕西师范大学博士学位论文，2016年。

6. 孙周勇：《河套地区龙山时代考古学文化初步研究》，西安：西北大学硕士学位论文，2002年。

7. 曹建恩：《西岔文化初论》，长春：吉林大学硕士学位论文，2003年。

8. 杨春：《内蒙古西岔遗址动物遗存研究》，长春：吉林大学硕士学位论文，2007年。

9. 赵双喜：《清代内蒙古地区寺院经济兴衰研究》，呼和浩特：内蒙古师范大学硕士学位论文，2008年。

10. 李丹：《毛庆沟文化研究》，郑州：郑州大学硕士学位论文，2010年。

11. 赵学智：《隋唐两宋时期河套平原政治地理格局与自然环境研究》，西安：陕西师范大学硕士学位论文，2011年。

12. 李旭东：《明代晋陕蒙接壤区土地利用与生态环境变迁的互动关系研究》，苏州：苏州大学硕士学位论文，2013年。

13. 塔日：《中俄恰克图贸易对蒙古地区经济文化的影响研究》，北京：中央民族大学硕士学位论文，2013年。

14. 焦梦然：《内蒙古中南部先秦时期青铜遗存分析》，南京：南京师范大学硕士学位论文，2014年。

15. 陆瑶：《宋辽夏金政权在鄂尔多斯高原地区的疆界变迁》，西安：陕西师范大学硕士学位论文，2014年。

16. 刘蓓蓓：《老虎山文化研究——以陶器为视角的文化分期与性质探讨》，长春：吉林大学硕士学位论文，2016年。

17. 陈娇：《元明时期鄂尔多斯高原民族地理研究》，西安：陕西师范大学硕士学位论文，2016年。

18. 刘晓姗：《宋代鄂尔多斯高原民族地理研究》，西安：陕西师范大学硕士学位论文，2017年。

19. 梁景宝：《辽宋夏金元时期鄂尔多斯高原军事地理研究》，西安：陕西师范大学硕士学位论文，2018年。

20. 黄颖：《两汉时期农牧界线的历史变迁及其原因》，南昌：江西师范大学硕士学位论文，2019年。

21. 王金都：《十六国时期统万城城市防御体系研究》，西安：西北大学硕士学位论文，2019年。

22. 王亚妮：《内蒙古地区出土的战国秦汉时期农具研究》，呼和浩特：内蒙古师范大学硕士学位论文，2020年。

# 六、期刊文章

1. 王月如：《后套之垦殖与水利》，《大公报》1936年9月4日。

2. 蒙思明：《河套农垦水利开发的沿革》，《禹贡》1936年第6卷第5期。

3. 赵松乔：《察北、察盟及锡盟——一个农牧过渡地区经济地理调查》，《地理学报》1953年第1期。

4. 马长寿：《论匈奴部落国家的奴隶制》，《历史研究》1954年第5期。

5. 李逸友：《清水河县和郡王旗等地发现的新石器时代文化遗址》，《文物参考资料》1957年第4期。

6. 裴文中：《中国原始人类的生活环境》，《古脊椎动物与古人类》1960年第1期。

7. 谭其骧：《何以黄河在东汉以后会出现一个长期安流的局面——从历史上论证黄河中游的土地合理利用是消弭下游水害的决定性因素》，《学术月刊》1962年第2期。

8. 竺可桢：《中国近五千年来气候变迁的初步研究》，《中国科学》1973年第2期。

9. 内蒙古博物馆，内蒙古文物工作队：《呼和浩特市东郊旧石器时代石器制造场发掘报告》，《文物》1977年第5期。

10. 李华章：《岱海湖盆的形成及地貌发育特征》，《北京师范大学学报（自然科学版）》1979年第1期。

11. 曹永年：《阿勒坦汗和丰州川的再度半农半牧化——阿勒坦汗研究之一》，《内蒙古大学学报（哲学社会科学版）》1980年第2期。

12. 李漪云：《呼和浩特地区"板升"何其多》，《实践》1981年第5期。

13. 白振声：《茶马互市及其在民族经济发展史上的地位和作用》，《中央民族学院学报》1982第3期。

14. 习近平：《在黄河流域生态保护和高质量发展座谈会上的讲话》，《水资源开发与管理》2019年第11期。

15. 格日乐图、陈文虎、包青川、张亚强：《内蒙古新石器时代考古综述》，《草原文物》2019年第1期。

16. 孙金松、党郁：《内蒙古青铜时代考古综述》，《草原文物》2019年第1期。

17. 连吉林、李强：《内蒙古战国秦汉考古综述》，《草原文物》2019年第1期。

18. 张文平、包桂红：《内蒙古魏晋北朝考古综述》，《草原文物》2019年第1期。

19. 田广金：《内蒙古朱开沟遗址》，《考古学报》1988年第3期。

20. 田广金、郭素新：《鄂尔多斯式青铜器的渊源》，《考古学报》1988年第3期。

21. 内蒙古文物考古研究所：《内蒙古察右前旗庙子沟遗址考古纪略》，《文物》1989年第12期。

22. 张兰生：《以农牧交错带及沿海地区为重点开展我国环境演变规律的研究（代序）》，《干旱区资源与环境》1989年第3期。

23. 吴宏岐：《元代北方汉地农牧经济的地域特征》，《中国历史地理论丛》1989年第3期。

24. 张忠培、关强：《"河套地区"新石器时代遗存的研究》，《江汉考古》1990年第1期。

25. 宋国栋、曹鹏：《内蒙古隋唐考古综述》，《草原文物》2019年第1期。

26. 刘幻真：《包头西园春秋墓地》，《内蒙古文物考古》1991年第1期。

27. 田广金：《内蒙古石器时代—青铜时代考古发现和研究》，《内蒙古文物考古》1992年刊。

28. 张红星、李春雷：《内蒙古蒙元考古综述》，《草原文物》2019年第1期。

29. 朱泓：《内蒙古察右前旗庙子沟新石器时代颅骨的人类学特征》，《人类学学报》1994年第2期。

30. 蔡志纯：《漫谈蒙古族的饮茶文化》，《北方文物》1994年第1期。

31. 唐克丽、王斌科、郑粉莉、张胜利、时明立、方学敏：《黄土高原人类活动对土壤侵蚀的影响》，《人民黄河》1994年第2期。

32. 孙黎明、刘金峰、张文山：《内蒙大窑文化遗址第四纪地层及古气候环境》，《河北地质学院学报》1996年第2期。

33. 王会昌：《2000年来中国北方游牧民族南迁与气候变化》，《地理科学》1996年第3期。

34. 王铮、张丕远、周清波：《历史气候变化对中国社会发展的影响——兼论人地关系》，《地理学报》1996年第7期。

35. 季昌、姜杰：《论科尔沁沙地的历史变迁》，《中国历史地理论丛》1996年第
    4期。

36. 任爱君：《契丹四楼源流说》，《历史研究》1996年底6期。

37. 田广金：《论内蒙古中南部史前考古》，《考古学报》1997年第2期。

38. 张兰生、方修琦、任国玉等：《我国北方农牧交错带的环境演变》，《地学前
    缘》1997年第Z1期。

39. 杨泽蒙：《内蒙古乌兰察布盟石虎山遗址发掘纪要》，《考古》1998年第12期。

40. 方修琦、孙宁：《降温事件：4.3kaBP岱海老虎山文化中断的可能原因》，《人
    文地理》1998年第1期。

41. 方修琦、章文波、张兰生：《全新世暖期我国土地利用的格局及其意义》，
    《自然资源学报》1998年第1期。

42. 张久和：《室韦的经济和社会状况》，《内蒙古社会科学（汉文版）》1998年
    第1期。

43. 常璐：《内蒙古中南部地区新石器时代生计方式初探——以生产工具为视
    角》，《农业考古》2019年第6期。

44. 方修琦：《从农业气候条件看我国北方原始农业的衰落与农牧交错带的形
    成》，《自然资源学报》1999年第3期。

45. 魏坚：《试论永兴店文化》，《文物》2000年第9期。

46. 葛承雍：《唐代移民与社会变迁特征》，《中国经济史研究》2000年第4期。

47. 郭孟良：《论明代的"以茶治边"政策》，《洛阳工学院学报（社会科学
    版）》2000年第4期。

48. 田广金、唐晓峰：《岱海地区距今7000-2000年间人地关系研究》，《中国历史
    地理论丛》2001年第3期。

49. 杨建华：《试论东周时期北方文化带中的内蒙古地区》，《内蒙古文物考古》
    2001年第1期。

50. 连鹏灵、方修琦：《岱海地区原始农业文化的兴衰与环境演变的关系》，《地
    理研究》2001年第5期。

51. 赵艳霞、袁国旺：《气候变化对北方农牧交错带的可能影响》，《气象》2001
    年第5期。

52. 王利华：《中古时期北方地区畜牧业的变动》，《历史研究》2001年第4期。

53. 周良霄：《元代旅华的西方人——兼答马可波罗到过中国吗？》，《历史研究》2001年第3期。

54. 汪英华：《大窑遗址四道沟地点年代测定及文化分期》，《内蒙古文物考古》2002年第1期。

55. 杨道尔吉：《阿尔寨石窟文化的瑰宝》，《鄂尔多斯学研究》2002年第2期。

56. 赵哈林、赵学勇、张铜会等：《北方农牧交错带的地理界定及其生态问题》，《地球科学进展》2002年第5期。

57. 林沄：《夏代的中国北方系青铜器》，《边疆考古研究》2002年第1辑。

58. 朱泓：《内蒙古长城地带的古代种族》，《边疆考古研究》2002年第1辑。

59. 高仁：《西夏时期鄂尔多斯高原的畜牧经济》，《西夏学》2019年第1期。

60. 陈继勇：《"一带一路"视域下中俄万里茶道的历史与现实——评刘再起教授专著〈湖北与中俄万里茶道〉》，《欧亚经济》2019年第6期。

61. 韩茂莉：《论中国北方畜牧业产生与环境的互动关系》，《地理研究》2003年第1期。

62. 韩昭庆：《明代毛乌素沙地变迁及其与周边地区垦殖的关系》，《中国社会科学》2003年第5期。

63. 张旭：《内蒙古中南部先秦两汉时期人群龋病与生业模式初探》，《农业考古》2020年第1期。

64. 刘扬：《内蒙古鄂尔多斯乌兰木伦遗址石器工业中的西方文化元素》，《草原文物》2018年第2期。

65. 曹明明：《水洞沟——穿越史前与现在》，《化石》2004年第2期。

66. 王乐文：《朱开沟遗址出土遗存分析》，《北方文物》2004年第3期。

67. 陈广恩：《试论元代开发黄河》，《江苏社会科学》2004年第5期。

68. 王乐文：《论朱开沟遗址出土的两类遗存》，《边疆考古研究》2004年辑刊。

69. 汤卓炜、曹建恩、张淑芹：《内蒙古清水河县西岔遗址孢粉分析与古环境研究》，《边疆考古研究》2004年辑刊。

70. 刘扬、侯亚梅、杨泽蒙等：《试论鄂尔多斯乌兰木伦遗址第1地点的性质和功能》，《北方文物》2018年第3期。

71. 杜大恒、孙德智：《论明朝安全政策的环境影响》，《哈尔滨工业大学学报（社会科学版）》2004年第3期。

72. 侯亚梅：《水洞沟：东西方文化交流的风向标？——兼论华北小石器文化和

"石器之路"的假说》，《第四纪研究》2005年第6期。

73. 韩茂莉：《中国北方农牧交错带的形成与气候变迁》，《考古》2005年第10期。

74. 张景明：《内蒙古中南部地区新石器时代原始经济类型》，《内蒙古文物考古》2005年第2期。

75. 惠富平、王思明：《汉代西北农业区开拓及其生态环境影响》，《古今农业》2005年第1期。

76. 王大方：《论草原丝绸之路》，《前沿》2005年第9期。

77. 刘扬：《内蒙古鄂尔多斯乌兰木伦遗址石器工业中的西方文化元素》，《草原文物》2018年第2期。

78. 郝诚之、郝松伟：《"河套人"无须改为"鄂尔多斯人"》，《社会科学评论》2006年第3期。

79. 王杰瑜：《明朝军事政策与晋冀沿边地区生态环境变迁》，《山西大学学报（哲学社会科学版）》2006年第3期。

80. 李美玲：《黄教的传入对蒙古族文化的影响》，《阴山学刊》2006年第6期。

81. 杨建华：《商周时期中国北方冶金区的形成——商周时期北方青铜器的比较研究》，《边疆考古研究》2007年第6辑。

82. 罗海江、白海玲、方修琦等：《农牧交错带近十五年生态环境变化评价——以鄂尔多斯地区为例》，《干旱区地理》2007年第4期。

83. 薛瑞泽：《汉代河套地区开发与环境关系研究》，《农业考古》2007年第1期。

84. 李荣辉、李春雷：《包头地区史前文化与农业》，《农业考古》2018年第1期。

85. 戴向明：《"海生不浪类型"文化过程论》，《古代文明》2008年辑刊。

86. 唐荣尧：《水洞沟：见证远古东西文化的撞碰》，《中国国家地理》2008年第4期。

87. 杨泽蒙：《鄂尔多斯青铜器国际学术研讨会论点摘要》，《鄂尔多斯文化》2008年第4期。

88. 杨泽蒙：《鄂尔多斯地区著名古人类活动遗址概述》，《鄂尔多斯文化》2008年第1期。

89. 冯宝、魏坚：《石虎山类型生业模式初探》，《农业考古》2018年第6期。

90. 李春梅：《匈奴政权的社会性质》，《内蒙古社会科学（汉文版）》2017年第3期。

91. 马明志：《"西岔文化"初步研究》，《考古与文物》2009年第5期。

92. 曹建恩、孙金松、杨星宇：《内蒙古凉城县忻州窑子墓地发掘简报》，《考古》2009年第3期。

93. 刘洪来、王艺萌、窦潇等：《农牧交错带研究进展》，《生态学报》2009年第8期。

94. 富宝财：《内蒙古中南部新石器时代的社会形态——以岱海地为例》，《草原文物》2017年第2期。

95. 任继周：《草原文化是华夏文化的活泼元素》，《草业学报》2010年第1期。

96. 包庆德：《生态哲学的功能与生态素质的提升》，《中国环境管理干部学院学报》2010年第2期。

97. 富宝财：《内蒙古中南部新石器时代的社会形态——以岱海地为例》，《草原文物》2017年第2期。

98. 关莹、高星、王惠民：《水洞沟旧石器时代晚期遗址结构的空间利用分析》，《科学通报》2011年第33期。

99. 杨建华：《内蒙古先秦时代草原游牧文化研究的几个问题》，《草原文物》2011年第1期。

100. 林沄：《丝路开通以前新疆的交通路线》，《草原文物》2011年第1期。

101. 邵会秋、杨建华：《塞伊玛—图尔宾诺遗存与空首斧的传布》，《边疆考古研究》2011年第10辑。

102. 齐溶清、索明杰、贾志斌等：《卓资县城卜子古城遗址2010年发掘简报》，《草原文物》2011年第1期。

103. 萧凌波、方修琦、叶瑜：《清代东蒙农业开发的消长及其气候变化背景》，《地理研究》2011年10期。

104. 杜晓勤：《"草原丝绸之路"兴盛的历史过程考述》，《西南民族大学学报（人文社会科学版）》2017年第12期。

105. 陶继波、崔思朋：《清代河套地区土地政策演变及农业生产影响探析》，《清史论丛》2017年第2辑。

106. 顾佩、李兴盛：《内蒙古乌兰察布市新石器时代遗存发现与研究综述》，载《北方民族考古》（第四辑），2017年。

107. 刘学堂：《石器时代东西方文化交流初论》，《新疆师范大学学报（哲学社会科学版）》2012年第4期。

108. 王志浩、侯亚梅、杨泽蒙等：《内蒙古鄂尔多斯市乌兰木伦旧石器时代中期遗址》，《考古》2012年第7期。

109. 刘扬、侯亚梅：《法国学者对中国旧石器考古学的贡献及其相关遗址的研究进展》，《文物春秋》2012年第4期。

110. 杨建华：《国外关于欧亚草原史前时代晚期的综合研究评介》，《边疆考古研究》2014年第2辑。

111. 杨建华、邵会秋：《商文化对中国北方以及欧亚草原东部地区的影响》，《考古与文物》2014年第3期。

112. 李婉琪、索秀芬：《河套地区青铜时代陶窑》，《草原文物》2014年第2期。

113. 薛正昌：《宁夏水洞沟：西方与东方的最初相遇》，《大众考古》2014年第4期。

114. 刘扬：《中国北方小石器技术的源流与演变初探》，《文物春秋》2014年第2期。

115. 艾冲：《东汉时期鄂尔多斯高原的民族迁徙与分布初探》，《西夏研究》2016年第4期。

116. 王世英：《"万里茶道"与内蒙古》，《实践（思想理论版）》2016年第6期。

117. 吴承忠、邓辉、舒时光：《清代陕蒙交界地区的土地开垦过程》，《地理研究》2014年第8期。

118. 祁美琴：《清代宗教与国家关系简论》，《中国人民大学学报》2014年第6期。

119. 刘扬、侯亚梅、杨泽蒙等：《鄂尔多斯乌兰木伦遗址石制品原料产地及其可获性》，《人类学学报》2017年第2期。

120. 索秀芬、李少兵：《内蒙古地区早期铁器时代考古学文化与周围的关系》，《内蒙古社会科学（汉文版）》2016年第3期。

121. 魏坚、常璐：《庙子沟文化与马家窑文化比较研究》，《边疆考古研究》2015年第2辑。

122. 朱泓、赵东月：《中国新石器时代北方地区居民人种类型的分布与演变》，《边疆考古研究》2015年第2辑。

123. 彭博：《朱开沟遗址早期青铜时代房址功能初探》，《北方文物》2015年第4期。

124. 吕智荣、孙战伟：《内蒙古西岔三期遗存性质考察》，《考古与文物》2015年第4期。

125. 王晓琨：《内蒙古中南部地区秦代城址及相关问题》，载《北方民族考古》（第二辑），2015年。

126. 李军平：《略论鄂尔多斯西夏文化遗存》，《前沿》2015年第8期。

127. 刘扬、侯亚梅、杨泽蒙：《鄂尔多斯乌兰木伦遗址的工具类型与修理技术初探》，《人类学学报》2016年第1期。

128. 戴向明：《北方地区龙山时代的聚落与社会》，《考古与文物》2016年第4期。

129. 陈鹏：《黄河文化的多重精神特质及符号构建》，《人民论坛》2020年第25期，第135~137页。

130. 牛建强：《抓住保护、传承和弘扬黄河文化新的历史机遇》，《人民黄河》2019年第10期，第156页。

131. 王厚军：《新时代黄河文化的价值转变及实现路径浅析》，《出版参考》2021年第1期，第45~46、51页。

132. 田宓：《"水权"的生成——以归化城土默特大青山沟水为例》，《中国经济史研究》2019年第2期，第111~123页。

## 七、报纸文章

1. 习近平：《顺应时代前进潮流　促进世界和平发展》，《人民日报》2013年3月24日第2版。

2. 陈平：《单一的小农经济结构是我国长期动乱和贯穿的根源》，《光明日报》1979年11月16日。

3. 汤惠生：《水洞沟与莫斯特：旧石器晚期的中国与西方》，《中国文物报》，2003年12月19日。

4. 邓聪：《水洞沟仰止——读〈水洞沟——穿越远古与现代〉》，《中国文物报》2011年12月23日。

5. 邓聪：《追寻东方的勒瓦娄哇技术——宁夏水洞沟遗址的世界性意义》，《中国文物报》2012年1月6日。

6. 王震中：《黄河文化内涵与中国历史根脉》，《中国社会科学报》2021年1月29日第5版。

7. 卢冰：《保护黄河文化遗产　延续华夏历史文脉》，《中国社会科学报》2020年9月21日第4版。

# 后记

按照惯例，当一部著作即将出版之时，总是要在后面说点什么，这部著作也不例外，这里所写的内容是在正文的学术表述以外，一些想说而未说，同时也是应该说的话，即本书的创作缘起、工作过程、取得的成果及相关参与人员的工作安排等，这些都放在"后记"部分统一叙述，也不失为本书阅读时的参照。

## 一、选题缘起与前期准备

本书创作的缘起是习近平总书记于2019年9月18日在黄河流域生态保护和高质量发展座谈会上的讲话，总书记在讲话中明确指出："黄河文化是中华文明的重要组成部分，是中华民族的根和魂。要推进黄河文化遗产的系统保护，守好老祖宗留给我们的宝贵遗产。要深入挖掘黄河文化蕴含的时代价值，讲好'黄河故事'，延续历史文脉，坚定文化自信，为实现中华民族伟大复兴的中国梦凝聚精神力量。"[1]总书记提出要保护、传承并弘扬黄河文化。鄂尔多斯地区是黄河流域中上游的流经区域之一，鄂尔多斯的西、北、东三面均被黄河环绕，是黄河流经今内蒙古地区的重要区域。黄河流域途经地区极为广阔，是哺育中华民族的母亲河。黄河文化包罗万象，内容历久弥新，因而保护、传承并弘扬黄河文化也是当代中国人的一项艰巨的历史使命。鄂尔多斯博物馆也应该立足于自身所处的地理区位优势，充分结合自身特长，努力保护、传承并弘扬鄂尔多斯乃至整个内蒙古黄河流域的历史文化，讲好"黄河故事"。

为了进一步开展内蒙古黄河历史文化的保护、传承与弘扬工作，鄂尔多斯博物馆于2019年10月18日—21日，邀请中国社会科学院大学（研究生院）文法学院组织的学术考察团，来到鄂尔多斯博物馆进行了为期4天的学术考察。此次邀请的考察专家有中国社会科学院大学（研究生院）文法学院党总支书记杨树森，中国社会科学院大学（研究生院）文法学院副院长、文博中心主任刘强副教授，北京市文物局原党组成员、副局长、首都博物馆党委书记郝东晨研究员，秦始皇兵马俑博物馆原副馆长、中国社会科学院大学（研究生院）兼职教授吴永琪研究员，中国社会科学院大学（研究生院）文博中心原主任吴卫国教授，内蒙古大学历史与旅游文化学院陶继波副教授，清华大学人文学院

历史系在读博士研究生崔思朋。此次考察地点为鄂尔多斯市饶有特色、文化特征显著的成吉思汗陵园、乌兰活佛府、伊金霍洛旗郡王府、鄂尔多斯博物馆、鄂尔多斯青铜器博物馆等。在考察完鄂尔多斯市部分历史遗址与两大博物馆后，考察团又在鄂尔多斯博物馆开展了为期一天的学术研讨，专门就鄂尔多斯博物馆业务的开展与围绕当地黄河文化的系列研究进行论证，并指出，鄂尔多斯地区黄河文化的发掘要充分兼顾到毗邻区域，即立足包括鄂尔多斯在内的整个内蒙古黄河流域。此外，学术考察活动结束之后的另一个重要内容为中国社会科学

中国社会科学院大学（研究生院）文法学院专家考察团在鄂尔多斯博物馆考察

中国社会科学院大学（研究生院）文法学院在伊金霍洛旗郡王府考察

中国社会科学院大学（研究生院）文法学院与鄂尔多斯博物馆举行座谈会

中国社会科学院大学（研究生院）文法学院与鄂尔多斯博物馆签署战略合作协议并挂牌

中国社会科学院大学（研究生院）文法学院党总支书记杨树森（左二）授予鄂尔多斯博物馆馆长李锐（右二）"兼职教授"聘书

院大学（研究生院）文法学院与鄂尔多斯博物馆签署战略合作协议，并授予鄂尔多斯博物馆馆长李锐研究馆员"中国社会科学院大学（研究生院）文博中心兼职教授"聘书。

中国社会科学院大学（研究生院）文法学院一行考察结束之后，鄂尔多斯博物馆便开始积极筹备并开展各项相关活动，始终坚持"引进来"与"走出去"相结合的工作理念，通过组织召开并参加相关学术研讨活动，进一步论证了"内蒙古黄河历史文化"项目的可行性与具体操作。如2019年11月2日，鄂尔多斯博物馆馆长李锐研究馆员参加了由中国社会科学院历史研究所（现更名为"古代史研究所"）、河北大学主办的"2019年形象史学与燕赵文化国际学术研讨会"；2019年12月，鄂尔多斯学研究会会长奇海林教授、鄂尔多斯博物馆馆长李锐研究馆员、鄂尔多斯博物馆副馆长甄自明副研究馆员及业务研究室主任高兴超副研究馆员等参加了由中国社会科学院历史研究所与杭州师范大学主办的"第四届'一带一路'文献与历史国际学术研讨会"等等。鄂尔多斯博物馆相关领导与研究人员通过多次参与相关学术研讨活动，就"内蒙古黄河历史文化"项目做了会议报告，并听取了与会专家、学者的建议，对项目整体框架与内容进行了重新调整与补充完善，并开始组织馆内专业研究人员开展相关遗址、文物等的调查与搜集整理工作。

鄂尔多斯博物馆馆长李锐参加"2019年形象史学与燕赵文化国际学术研讨会"

第四届"一带一路"文献与历史国际学术研讨会合影留念
2019.12.7

鄂尔多斯市文博专家奇海林、李锐、甄自明、高兴超参加"第四届'一带一路'文献与历史
国际学术研讨会"

2019年12月23日，由国家文物局指导，在黄河流域九省区文化和旅游厅、文物局支持与协助下，河南博物院承办的"黄河流域博物馆联盟成立暨黄河文化保护传承弘扬研讨会"在河南省郑州市召开。国家文物局党组成员、副局长关强和河南省文化和旅游厅厅长姜继鼎共同为黄河流域博物馆联盟揭牌。黄河流经地区的40多家博物馆的100多位馆长和专家学者会聚一堂，鄂尔多斯博物馆馆长李锐研究馆员应邀参加了此次会议，共同见证了黄河流域博物馆联盟的成立，中央广播电视总台《国家宝藏》栏目组主持的《黄河之水天上来——国宝音乐会》节目同时宣布正式启动。

2020年1月5日，为讲好"黄河文化故事"，来自黄河沿岸九省区的48家博物馆（包含鄂尔多斯博物馆在内）的馆长参加了《国家宝藏》栏目组、光华锐评在北京联合举办的"坚定文化自信　讲好黄河故事——黄河流域博物馆联盟发展推广研讨会"，这也是博物馆与媒体就黄河文化保护、传承与弘扬的工作对接会，国家文物局博物馆与社会文物司副司长金瑞国主持并参与了会议。当天，黄河流域各博物馆馆长还参加了在国家文物局指导下，由中央广播电视总台主办、《国家宝藏》栏目组精心策划的2020年新春特别节目《黄河之水天上来——国宝音乐会》的录制。"黄河流域博物馆联盟"全体成员在联盟成立后首次集体亮相，鄂尔多斯博物馆

馆长李锐研究馆员应邀参加此次节目录制，《黄河之水天上来——国宝音乐会》于2020年1月29日在央视综艺频道（CCTV-3）、央视网、央视频、哔哩哔哩视频弹幕网同步播出。

此次节目录制完成之后，便进入了春节的假期，但在这喜庆的日子里，新型冠状肺炎疫情迅速传播，仿佛一切都瞬间停止了一样。疫情在春节假期结束之后的一段时间里仍未得到有效遏制，但"内蒙古黄河历史文化"项目的相关工作却始终没有中止，鄂尔多斯博物馆多次召开线上会议，各参与人员就具体工作进展情况

中央广播电视总台《国家宝藏》栏目组主持的《黄河之水天上来——国宝音乐会》节目现场

鄂尔多斯博物馆馆长李锐参加中央广播电视总台《国家宝藏》栏目组主持的《黄河之水天上来——国宝音乐会》节目

内蒙古博物院院长陈永志在"黄河流域博物馆联盟成立暨黄河文化保护传承弘扬研讨会"上发言

鄂尔多斯博物馆馆长李锐在"黄河流域博物馆联盟成立暨黄河文化保护传承弘扬研讨会"上发言

进行了汇报与讨论，并就相关工作的进一步开展与问题的解决拟订方案，各项工作均有条不紊地开展着。直至五六月疫情得以有效控制之后，鄂尔多斯博物馆便组织专家学者来到鄂尔多斯，为进一步进行《内蒙古黄河历史文化》的创作与"黄河从草原上流过——内蒙古黄河流域古代文明展"的展览筹备等相关工作做了充足的前期准备。

## 二、项目方案论证、修订与实地调查工作

2020年6月初，鄂尔多斯博物馆与多家单位积极开展多方合作，并开始正式筹备"鄂尔多斯黄河流域历史、民俗与文化调查"项目，并于6月底分别组织召开了项目论证会与学术研讨会，会上诸位专家针对前期已完成的方案提出了具体修改意见，并就接下来的工作提出了新的意见。

6月28日，"鄂尔多斯黄河流域历史、民俗与文化调查项目专家论证会"在鄂尔多斯博物馆召开，会议由鄂尔多斯博物馆馆长李锐研究馆员主持，邀请了来自清华大学、内蒙古博物院、鄂尔多斯市文化和旅游局以及鄂尔多斯市的文博专家、青年学者等10余人，对项目的可行性及项目重点工作进行了充分讨论。参加讨论会的

专家有：内蒙古博物院副院长付宁研究馆员，鄂尔多斯市文化和旅游局党组成员、副局长王聿慧，鄂尔多斯市文化和旅游局博物馆科科长辛戎，鄂尔多斯青铜器博物馆馆长窦志斌研究馆员，鄂尔多斯青铜器博物馆原馆长王志浩研究馆员，清华大学人文学院历史系在读博士研究生崔思朋，鄂尔多斯博物馆馆长李锐研究馆员，鄂尔多斯博物馆副馆长甄自明副研究馆员，鄂尔多斯博物馆原职工、鄂尔多斯学研究会副会长杨勇研究馆员，鄂尔多斯博物馆业务研究室主任高兴超副研究馆员等。会议指出，全国及各黄河流经省区都在开展黄河文化的发掘、整理、展示和研究等工作，内蒙古自治区也要积极投入到这项工作中来，并建议内蒙古黄河文化展览由鄂尔多斯博物馆具体承担。由内蒙古博物院副院长付宁研究馆员、鄂尔多斯市文物考古研究院原院长杨泽蒙研究馆员等承担黄河文化展览大纲的文字编写与框架设计工作。展览的主体元素有黄河、草原、长城等，意在探讨内蒙古黄河流域历史文化的发展规律、特色内容等，农耕与游牧、草原丝绸之路都是展览的主线和脉络。会议对鄂尔多斯博物馆为筹备"黄河从草原上流过——内蒙古黄河流域古代文明展"与完成《内蒙古黄河历史文化》著作的前期工作给予了充分肯定

和高度评价，同时也针对前期工作中存在的不足提出修改意见。

6月30日，"鄂尔多斯黄河流域历史、民俗与文化调查研讨会"在鄂尔多斯博物馆召开。由于此时北京新发地等地区出现疫情反弹，会议采用线上与现场结合的方式召开，邀请来自中央党校、中国社会科学院、清华大学、北京大学、中国人民大学、中国政法大学、内蒙古大学、海南大学以及鄂尔多斯市的文博专家近30人参加。其中，北京大学城市与环境学院韩茂莉教授，中国社会科学院历史研究所明史研究室原主任、明史学会副会长张兆裕研究员，中国人民大学历史学院赵珍教授，中国政法大学博士后陈佳臻，清华大学人文学院历史系在读博士研究生雒晓辉，北京大学历史系在读博士研究生齐群，伦敦大学亚非学院在读博士研究生单嗣平等在线上做了发言，海南大学马克思主义学院张朔人教授、内蒙古大学历史与旅游文化学院陶继波副教授、清华大学人文学院历史系在读博士研究生崔思朋、清华大学人文学院历史系在读硕士研究生成鹏、中央党校在读硕士研究生苗壮及鄂尔多斯博物馆相关研究人员做了现场发言与会议讨论。会

"鄂尔多斯黄河几字湾历史、民俗与文化调查"专家论证会现场

上，各不同研究方向的专家学者与青年研究生们各抒己见，围绕黄河历史文化进行了热烈讨论，对调查项目的创新点、重点、难点以及预期成果提出了宝贵意见。在此次会议上，大家一致通过了"内蒙古黄河历史文化"项目的初期预案，鄂尔多斯博物馆向各位参与本项目的馆外专家学者颁发聘书，并正式组织成立了"黄河几字湾历史文化调查队"，由鄂尔多斯博物馆业务研究室主任高兴超担任队长，鄂尔多斯博物馆馆长李锐为调查队授旗。

自7月1日开始，在鄂尔多斯博物馆的组织与策划下，鄂尔多斯黄河流域历史、民俗与文化调查队进行了为期数天的野外实地调查工作。调查时间是7月1日—7月5日。由鄂尔多斯博物馆业务研究室主任高兴超副研究馆员担任考察队队长，调查队成员包括海南大学马克思主义学院张朔人教授、内蒙古大学历史与旅游文化学院

"鄂尔多斯黄河几字湾历史、民俗与文化调查"项目研讨会现场

海南大学马克思主义学院张朔人教授在研讨会上发言

内蒙古大学历史与旅游文化学院陶继波副教授在研讨会上发言

清华大学人文学院历史系在读博士研究生崔思朋在研讨会上发言

陶继波副教授、清华大学人文学院历史系在读博士研究生崔思朋、清华大学人文学院在读硕士研究生成鹏、中

鄂尔多斯博物馆馆长李锐在研讨会上发言

鄂尔多斯博物馆向各位参与本项目的馆外专家学者颁发聘书

鄂尔多斯博物馆馆长李锐为调查队授旗，高兴超担任队长

央党校在读硕士研究生苗壮、鄂尔多斯博物馆原党支部书记奥静波、鄂尔多斯博物馆业务研究人员赵国兴与白林云等。在鄂托克前旗调查期间，鄂尔多斯博物馆馆长李锐又带队前往考察遗址并参与了相关工作。本次考察区域包括鄂托克前旗、乌审旗、宁夏灵武市、鄂托克旗等地，具体考察对象包括古代城址、长城遗迹以及现代农牧经济村落、农田与牧场等。调查概况如下：

7月2日，鄂尔多斯黄河几字湾历史、民俗与文化调查队（以下表述时均简称"调查队"）首先考察了鄂托克前旗延安民族学院城川民族干部学院、阳早寒春三边牧场陈列馆，对鄂尔多斯乃至内蒙古地区最早进行红色革命的圣地进行了解，丰富了调查项目的红色革命内容。随后调查队调查了唐代宥州古城——城川城址、大沟湾村萨拉乌苏动物群遗址、"河套人"萨拉乌苏遗址等。对历史遗迹的考察和遗址内珍贵标本的采集，特别是对唐代宥州州府城址的考察，对了解和探讨唐代州府建制及中央对边疆地区的有效管理提供了重要的实物资料。

7月2日，调查队前往唐代粟特人重要的历史遗迹——大池城址和乌兰道崩城址。这些城址均是唐代王朝安置归附的粟特人的重要遗存，历史上称之为"六胡州"，此遗址颇为珍

调查队在唐代宥州古城——城川城址考察中留影

内蒙古大学陶继波副教授与赵国兴在考察现
场交流

海南大学张朔人教授在唐代宥州古城——城
川城址考察中现场指导

调查队青年学者崔思朋、成鹏在唐代宥州古城——城川城址考察中交流

调查队青年学者成鹏、苗壮在唐代宥州古城——城川城址考察中交流

调查队在"河套人"萨拉乌苏遗址考察

青年学者崔思朋在"河套人"萨拉乌苏遗址考察现场

贵。这些重要的唐代遗迹丰富了黄河调查项目的物质材料，对认识鄂尔多斯地区黄河历史文化的多样性和独特价值具有十分重要的意义，为本书写作寻找突破点提供了方向。特别是大池城址保存完好的城垣和地表遍布的

文物标本为调查队提供了难得的研究实体。值得一提的是，清华大学在读博士崔思朋与硕士成鹏在城址内发现了一处珍贵的灰坑遗迹，在灰坑填土中出土了大量的灰陶片，它们多数都是可以拼接的，这对认识唐代陶器的

鄂尔多斯博物馆馆长李锐一行与调查队在唐代"六胡州"古城——大池城址考察

内蒙古大学陶继波副教授与青年学者苗壮在大池城址考察现场交流

调查队青年学者崔思朋、成鹏在大池城址一处灰坑遗迹中采集标本

调查队在大池城址考察现场交流

调查队在唐代六胡州——巴郎庙城址考察现场

完整性具有极大的帮助。

7月3日，调查队前往上海考察庙镇附近相关历史遗迹。首先考察了唐代六胡州之一的巴郎庙城址，采集了有价值的文物标本，随后调查了明代长城鄂托克前旗与宁夏灵武市交界段、明代城堡兴武营古城。鄂托克前旗境内的明代城址是鄂尔多斯地区保存最为完好的古代长城遗迹，对明长城遗迹考察，特别是对一些珍贵的古代标本的采集，如完整的兽面纹滴水、各种釉色的瓷片，对调查队认识明代的历史遗迹，丰富项目中的明代遗存，具有极大的促进作用。

7月4日，调查队调查上海庙镇芒哈图村现代农牧村落情况，考察了当地现代的农牧经济形态。考察发现，在草原腹地的经济形态中，既有传统的放牧养殖，也有供给牲畜的旱地农业种植；既有农业作物种植，也有经济作物经营及水产养殖等，并且农业种植形式采用的是较为先进的轮耕制，以保持肥力。这些现代经济形式为项目考察历史时期的农牧经济、生业方式和环境影响及相关关系带来了借鉴材料和参照物。

7月5日，调查队由鄂托克前旗出发，前往鄂托克旗境内，调查相关现代

调查队在鄂托克前旗境内考察明代长城遗迹

调查队青年学者崔思朋、赵国兴在明长城考察现场发现兽面纹滴水

调查队在明长城（宁夏灵武段）兴武营古城考察

农业经济，考察了鄂托克旗三北羊场现代农牧村落，以及农业种植和家畜畜养情况等，为深入了解鄂尔多斯地区的农牧交错经济提供了丰富的实地材料。数天的实地考察虽然短暂，但收获满满，采集了大批珍贵的图像与文物资料，极大地丰富了《内蒙古黄河历史文化》书稿的内容，为接下来的调查与书稿写作提供了素材，也为接下来的工作开展指明了方向。

　　7月5日，考察队返回鄂尔多斯博物馆，再次召开"内蒙古黄河历史文化"项目的工作进展与问题总结会。针对本次考察的缺失遗漏之处及项目开展所需资料，7月8日鄂尔多斯博物馆又继续组织人员开展田野调查工作。调查人员由鄂尔多斯博物馆高兴超、赵国兴等馆内业务人员组成，再一次深入实地开展具体工作，调查对象为各旗区的国家级和自治区级文物保护单位，调查周期长达22天。此次调查为项目的顺利开展与按计划进行奠定了扎实基础，极大地丰富了实物材料。

调查队在上海庙镇芒哈图村考察现代农牧经济

调查队青年学者崔思朋在上海庙镇芒哈图村考察现代农牧经济

　　此次调查遍及鄂尔多斯各旗县的大部分遗址，具体包括：鄂托克前旗的调查遗址有城川民族干部学院、王震井纪念园、城川城址、苏坝海子汉代墓葬、查干巴拉嘎苏城址、巴郎庙城址、乌兰道崩城址、大池城址等；乌审旗的调查遗址有范家沟湾萨拉乌苏遗址、郭梁唐代墓葬、十里梁五代墓葬、三岔河城址等；鄂托克旗的调查遗址有查布恐龙足迹化石点、巴音温都尔秦长城、乌仁都西障城、猫尔沟岩画、苏贝音沟岩画、希日高勒岩画、乌兰布拉格岩画、阿尔寨石窟、百眼井遗址、阿贵塔拉石窟、水泉子古城、木凯淖尔古城、凤凰山汉代墓葬等；杭锦旗的调查遗址有乌兰阿贵石窟、霍洛柴登城址、扎尔庙城址、古城梁城址等；伊金霍洛旗的调查遗址有成吉思汗陵、郡王府、纳林塔战国秦长城、李家村战国秦长城、朱开沟遗址等；准格尔旗的调查遗址有十二连城城址、寨子圪旦遗址等；达拉特旗的调查遗址有展旦召等。此次调查活动极大地丰富了"内蒙古黄河历史文化"项目所需要的图片及实物资料，同时也为"黄河从草原上流过——内蒙古黄河流域古代文明展"的筹备提供了资料，为保证两个项目的顺利开展与如期完成奠定了坚实基础。

在开展上述黄河文化调查项目的同时，鄂尔多斯博物馆李锐和甄自明两位同志，还积极参与到鄂尔多斯市

调查队在准格尔旗寨子圪旦遗址调查

辖境的相关项目研究中去，比如"鄂尔多斯市产业创新创业人才团队"的"鄂尔多斯市生态修复与文旅产业高质量"发展项目。这个项目为探讨黄河流域的生态环境情况和文化与旅游的高质量发展，提供了重要帮助。

## 三、内蒙古黄河流域各盟市博物馆的调研工作

为了配合拟于2020年9月19日"黄河从草原上流过——内蒙古黄河流域古代文明展"的举办与《内蒙古黄河历史文化》书稿的写作及出版，鄂尔多斯博物馆组织考察团队对内蒙古黄河流经的七个盟市的博物馆及文物收藏与展出机构做了深入调查工作。当然，这次调查工作以筹备"黄河从草原上流过——内蒙古黄河流域古代文明展"为主要内容，但所调查内容仍是对"内蒙古黄河历史文化"出版项

调查队在鄂托克前旗查干巴拉嘎苏城址调查

甄自明副馆长带领的黄河文化调查队在内蒙古博物院考察

目的不断修订与补充完善，因而此次调研工作是带有多重使命但又要突出重点的活动。黄河几字湾历史文化调查于2020年7月12日正式开始，鄂尔多斯博物馆黄河文化调查队赶赴内蒙古博物院开展考察、调研和座谈活动。调查队由鄂尔多斯博物馆副馆长甄自明副研究馆员带队，成员由业务研究室主任高兴超、展览部主任张二军、信息部主任白林云、藏品部副主任赵婷、金牌讲解员白丽莎、司机黄永鹏组成，有一部分成员因事没有全程参与考察，也有成员是后期加入进来的。

7月12日，鄂尔多斯博物馆黄河文化调查队（以下有关此次调研活动的叙述涉及此团队时均简称"调查队"）首先考察了内蒙古博物院，向内蒙古博物院副院长付宁请教并与其讨论了"黄河从草原上流过——内蒙古黄河流域古代文明展"（以下有关此次调研活动的叙述涉及此展览时均简称"展览"）的筹备相关事宜，认真听取了相关建议，并着手搜集相关图书与实物资料。

7月13日，调查队前往乌兰察布博物馆开展调研工作，与乌兰察布博物馆馆长李彪进行了座谈，李彪馆长介绍了乌兰察布的历史特色和文物特点，肯定了鄂尔多斯博物馆拟办展览的必要性与重要性，并表示乌兰察布博物馆会积极支持该展览的筹备、推进和落地，并向调查队赠送了相关书籍。

7月14日，调查队与内蒙古社会科学院开展调研工作，与内蒙古社会科学院历史研究所副所长翟禹副研究员及康建国副研究员、刘春子副研究员进行了座谈，并互赠图书。

7月15日，调查队与内蒙古自治区文物考古研究所开展调研工作，内蒙古自治区文物考古研究所是内蒙古自治区唯一具有考古发掘资质的科研机构，是内蒙古自治区开展考古及研究工作的最高机构。调查队与文物考古研究所所长曹建恩研究员、副所长盖志勇研究员、文物资料研究室主任岳够明研究员做了交谈，并汇报了展览筹备和进展情况，考古所领导肯定了此次展览的必要性和积极意义，表示将大力支持，与调查队就具体展出文物进行了洽谈，并会出借必要的文物藏品，将相关书籍赠予了调查队。

7月16日，调查队前往中国知网内蒙古总部开展调研工作，就鄂尔多斯博物馆与知网在数字化、网络宣传、平台建设、学术资源共享、尖端技术支撑以及对展览宣传报道等方面达成了初步合作意向。

7月18日，调查队前往和林格尔县盛乐博物馆开展调研工作。盛乐是北魏都城迁往平城（大同）之前的都城，在北魏历史上具有重要意义，作为草原第一都，盛乐古城见证了拓跋鲜卑创业立国的完整历史。和林格尔汉代壁画墓是汉代内蒙古地区的重要文物遗迹，该壁画与鄂尔多斯市鄂托克旗的凤凰山汉代壁画墓中的东汉时代壁画一起代表了内蒙古地区汉代壁画的最高水平。本次调查明确了和林

格尔汉代壁画、北魏盛乐都城的重要性和神奇魅力，为展览与书稿撰写提供了不可或缺的素材。

7月19日，调查队前往托克托县博物馆开展调研工作，考察了托克托县博物馆，并与托克托县博物馆馆长石磊进行了深入座谈，探讨了出借文物相关事宜。托克托县博物馆表示将对展览大力支持，并提供展览需要的重要文物藏品。

7月29日，调查队前往乌海博物馆开展调研工作，考察了召烧沟岩画遗址博物馆、召烧沟乌海博物馆等，并与乌海博物馆馆长武俊生、藏品部主任郝玉龙、展览部主任谢晶进行了座谈。乌海博物馆表示将大力支持展览，出借馆里珍贵精品文物参加展览。乌海博物馆收藏的精美岩画、珍贵的元代文物给调查队留下了深刻印象。作为黄河进入内蒙古自治区的第一站，乌海以及黄河水形成的乌海湖都是黄河文化最直观的体现。

7月31日，调查队前往阿拉善博物馆开展调研工作，考察了阿拉善博物馆，感受了阿拉善独特的历史文化，看到了文物精品，尤其是西夏黑水城、元代亦集乃路、清代镇远营等边关重镇以及汉代木简、西夏文书、元代纸钞等文物古迹和珍品，并与阿拉善博物馆馆长张震州、副馆长赵丹丹、副馆长梅花，以及藏品部、展览部负责人进行了座

调查队在巴彦淖尔市三盛公水利枢纽考察

谈。阿拉善博物馆表示全力支持展览，并出借馆里珍贵精品文物。

8月2日，调查队考察了内蒙古生产建设兵团一师建筑群（一团团部旧址）、内蒙古兵团博物馆、三盛公水利枢纽、河套粮库旧址群（三盛公粮库旧址）、磴口县博物馆等，听了磴口县文物保护管理所副所长王浩的精彩讲解和介绍，对神秘的阴山岩画、三盛公水利枢纽有了深切的感受和认识。

8月3日，调查队前往内蒙古河套文化博物院开展调研工作，与内蒙古河套文化博物院党支部书记丁志忠、副院长赵占魁，以及藏品部、展览部、社教部负责人进行了座谈，内蒙古河套文化博物院表示将大力支持展览。河套文化博物院对于阴山岩画、霍各乞古铜矿与"鄂尔多斯青铜器"

的关系、唐代三受降城的分布与考证、历代河套水利工程的修筑等的解读都极具学习和参考价值，正是《内蒙古黄河历史文化》所需要的重要内容，为《内蒙古黄河历史文化》撰写与展览提供了许多可借鉴的新素材。

8月4日，调查队前往黄河水利文化博物馆开展调研工作。内蒙古河套文化博物院副院长赵占魁亲自陪同考察并作了认真细致的讲解。通过考察，调查队加深了对黄河河套地区自秦汉以来历代水利工程建设和水利文化的认识。此外，博物馆里独特而珍贵的文物也引起了调查队的浓厚兴趣，为《内蒙古黄河历史文化》书稿撰写与展览提供了更丰富的素材与珍贵历史文物。

8月4日，调查队前往五原农耕博物馆开展调研工作，考察了河套农耕文博苑、五原农耕博物馆，此次考察仍是由内蒙古河套文化博物院副院长赵占魁陪同并作了细致讲解。通过考察，调查队加深了对黄河河套地区历代农耕文化的认识，涉及农耕生产、水利、制度、农具、农作物、农居、百业、饮食、文化、移民、民俗等内容。

自7月12日至8月4日，鄂尔多斯博物馆先后进行了20多天的调研工作，调查对象包括黄河流经内蒙古地区的大部分博物馆及相关文物部门，这也为"黄河从草原上流过——内蒙古黄河流域古代文明展"与《内蒙古黄河历史文化》书稿的写作提供了丰富翔实的素材，为相关工作的开展做了前期积累。

8月10日，"黄河从草原上流过——内蒙古黄河流域古代文明展"讨论会在鄂尔多斯博物馆召开，李锐、甄自明、张二军、呼玫、赵国兴、高兴超、白林云等馆内同人参加了此次会议。会议经过研讨，大体上确定了"黄河从草原上流过——内蒙古黄河流域古代文明展"的展览大纲和基本思路，一致认为此次展览不仅涵盖的知识面较广与知识量较多，且立意深远、内容丰富全面，但同时也指出前期调查与筹备工作中，整理的相关展览文物内容太多、太细，要充分考虑到展厅面积相对较小的实际情况，因而需要重点突出文物，且目前完成的文字内容在表述上过于专业，需提炼成科普化的文字表述。会议尤其指出，要将岩画、壁画作为辅助展线内容，在展览中予以注意。会议最后指出，要尽快确定"黄河从草原上流过——内蒙古黄河流域古代文明展"的展览总纲与展出文物的清单，请付宁、王志浩、杨勇、杨泽蒙等专家审核并提出修改意见。与此同时，会议也就《内蒙古黄河历史文化》书稿撰写做了讨论，并指出，通过此次为期近一个月的调研与7月份的野外实地考察，基本上搜集完成并梳理清楚了书稿编著所需的图像资料，相关工作也在有条不紊地继续开展着。

会议结束之后，鄂尔多斯博物馆针对会上提出的问题与此前没有调研过的博物馆继续组织调查队前往调研。调查队继续由甄自明带队，成员由高兴超、张二军、白林云、白丽

调查队在包头博物馆考察，与张海滨馆长商讨黄河展览事宜

莎、黄永鹏等组成。

8月22日，调查队前往包头博物馆开展调研工作。调查队向包头博物馆馆长张海滨研究员、展览部主任李彩霞等汇报了展览大纲和思路。包头博物馆表示将大力支持和配合展览的相关工作。李彩霞主任就出借文物与调查队进行了讨论和确定。

8月24日，调查队前往呼和浩特市武川县坝顶北魏祭天遗址开展调研工作，考察了武川县坝顶北魏祭天遗址，内蒙古自治区文物考古研究所副所长张文平研究员向调查队成员做了深入的讲解和阐释。

8月25日，调查队前往呼和浩特博物馆开展调研工作，考察了呼和浩特博物馆的展览，并向呼和浩特博物馆各位同人汇报了展览筹备情况，呼和浩特博物馆表示将出借珍贵文物，大力支持展览工作。

8月27日，调查队前往准格尔旗博物馆开展调研工作，考察了准格尔旗博物馆，并同准格尔旗博物馆馆长刘卫军沟通了展览筹备情况，准格尔旗博物馆表示将出借珍贵文物，大力支持展览工作。

鄂尔多斯博物馆通过内蒙古黄河几字湾历史文化调查工作，深刻认识和理解了内蒙古黄河历史文化的核心内容，进一步了解了内蒙古沿黄七盟市的重要历史文化现象、文物古迹和

调查队在呼和浩特市武川县坝顶村北魏皇家祭祀遗址考察

调查队在呼和浩特博物馆考察

调查队在准格尔旗博物馆考察

馆藏文物，为"黄河与草原"展做好了前期准备工作；锻炼了展览和研究队伍；与兄弟盟市博物馆各业务部门互相学习交流，加强了联系，加深了感情；具有奠定基础、承前启后、广泛宣传、开拓创新的重要作用。

## 四、"黄河从草原上流过——内蒙古黄河流域古代文明展"的开展

8月28日，"黄河从草原上流过——内蒙古黄河流域古代文明展"的展览大纲评审论证会在呼和浩特市内蒙古博物院召开，会议由内蒙古自治区文物局博物馆处处长侯俊主持，参会领导及专家有：内蒙古博物院副院长、内蒙古博物馆联盟负责人付宁，鄂尔多斯市文化和旅游局副局长王聿慧，鄂尔多斯博物馆馆长李锐，鄂尔多斯博物馆副馆长甄自明，鄂尔多斯青铜器博物馆副馆长郭俊成，呼和浩特博物馆馆长张静，包头博物馆负责人，乌海博物馆馆长武俊生，内蒙古河套文化博物院党支部书记丁志忠，内蒙古河套文化博物院原院长胡延春，乌兰察布博物馆负责人，阿拉善博物馆馆长张震州等。会议论证评审并正式通过了展览大纲，并对内蒙古沿黄各盟市博物馆借

"黄河从草原上流过——内蒙古黄河流域古代文明展"推进会在内蒙古博物院召开

"黄河从草原上流过——内蒙古黄河流域古代文明展"推进会专家合影

调文物参加展览达成了一致意见，由内蒙古自治区文物局博物馆处统一出具相关批准文件。

9月7日—17日，"黄河从草原上流过——内蒙古黄河流域古代文明展"——内蒙古沿黄河七盟市博物馆巡礼系列之内蒙古博物院、乌海博物馆、阿拉善博物馆、河套文化博物院、包头博物馆、呼和浩特博物馆、鄂尔多斯青铜器博物馆、鄂尔多斯博物馆等宣传专题片在线上网络媒体播出，取得了很好的宣传效果。

9月16日，由内蒙古自治区委宣传部主办，内蒙古自治区文化和旅游厅、内蒙古自治区出版集团承办的"几字湾黄河文化与铸牢中华民族共同体意识——黄河几字湾文化旅游高质量发展研讨会"在鄂尔多斯市康巴什区召开，会议由鄂尔多斯市文化和旅游局局长赵子义主持并做总结，黄河文化专家、复旦大学葛剑雄教授，内蒙古自治区出版集团总经理曾涵，内蒙古社会科学院历史研究所副所长翟禹，鄂尔多斯市政协原副主席安源，鄂尔多斯学研究会常务副会长兼秘书长杨勇，鄂尔多斯博物馆副馆长甄自明，准格尔旗政协科教文史委主任王建中等参加会议并讲话。

2020 年 9 月 19 日 "黄河从草原上流过——内蒙古黄河流域古代文明展" 在鄂尔多斯博物馆开展

9月19日，"黄河从草原上流过——内蒙古黄河流域古代文明展"在鄂尔多斯博物馆正式开幕。上午9:00—9:30为沿黄七盟市博物馆文化创意产品的新品发布，9：40为开展仪式，出席开展仪式的领导及专家有内蒙古自治区文化和旅游厅党组成员、

"黄河从草原上流过——内蒙古黄河流域古代文明展"启动现场

文物局局长陈永志，鄂尔多斯市政协副主席马嘎尔迪，内蒙古自治区文物局博物馆处处长侯俊，内蒙古博物院副院长付宁，鄂尔多斯市文化和旅游局党组书记、局长赵子义，鄂尔多斯市文化和旅游局副局长王聿慧等。鄂尔多斯博物馆馆长李锐和内蒙古黄河沿岸七盟市博物馆馆长或代表，各博物馆和鄂尔多斯市文化和旅游局各单位干部职工以及部分观众参加开展仪式。展览开幕式由鄂尔多斯市文化和旅游局党组书记、局长赵子义主持，内蒙古自治区文化和旅游厅党组成员、文物局局长陈永志和鄂尔多斯市政协副主席马嘎尔迪分别为开展仪式致辞。

展览分三大主体内容，以时代为序，以各个时段内典型文化和遗址为片段，运用精品的文化遗物将每个时期、每个时段的文化内涵和文化背景完美阐释、完美呈现。展览汇集了来自乌海市、阿拉善盟、巴彦淖尔市、包头市、呼和浩特市、乌兰察布市、鄂尔多斯市7个盟市14家博物馆的能展示内蒙古黄河流域各个历史时期特征的精品文物300余件（套），其中包括国家一级文物44件（套）、二级文物22件（套）、三级文物14件（套）。展览由多元文明的汇聚之地、文明交流的牢固纽带、多民族融合共生的家园3个部分组成，用历史发展的眼光审视内蒙古黄河流域的

发展变迁，结合历史器物、遗迹及文献资料，以图证史，充分展示黄河文化在内蒙古地区的独特魅力。展览一经推出，受到了社会各界、学界的普遍关注与认可，表示这是一次非常成功的展览，展览的展示手段、展示内容、展示方式等方面都取得了较大的成功，既体现了学术性，也具有普遍的观赏性和教育性，对增强内蒙古人民的文化自信、加强内蒙古黄河文化的宣传都起到了强大的助推作用。

截至2020年11月30日，"黄河从草原上流过——内蒙古黄河流域历史文明展"开展以来，鄂尔多斯博物馆以线上结合线下，利用电视、报刊、

内蒙古博物院院长陈永志作《内蒙古黄河文化遗产的特色与优势》专题讲座

互联网、新媒体平台大力宣传，让更多人了解此次展览，充分增大公共文化服务的力度。新华网、人民网、光明网、国家文物局、中国考古、内蒙古新闻网、内蒙古文化旅游、新浪网、搜狐网、百度、网易等知名网站相继报道或转载，《人民日报（海外版）》等报刊、各电视台等从不同角度报道，鄂尔多斯新闻、鄂尔多斯发布、鄂尔多斯文化旅游等网站和公众号先后报道了此次展览。据不完全统计，截至目前，此次展览在网上的浏览量超过1100万次。

该展览由内蒙古自治区文化和旅游厅、内蒙古自治区文物局、鄂尔多斯市人民政府主办，由内蒙古博物馆联盟、鄂尔多斯市文化和旅游局协办，具体由内蒙古博物院、鄂尔多斯博物馆承办，筹备、组织展览并具体实施。展览得到了内蒙古沿黄流域的各博物馆、文博机构的大力支持，它们是内蒙古自治区文物考古研究所、呼和浩特博物馆、包头博物馆、乌海博物馆、内蒙古河套文化博物院、乌兰察布博物馆、阿拉善博物馆、托克托县博物馆、鄂尔多斯青铜器博物馆、鄂尔多斯市文物考古研究院、准格尔旗博物馆、鄂托克前旗文物保护管理所等。这些兄弟单位的大力支持保障了展览的顺利和高质量完成。此次展览是内蒙古自治区文化和旅游厅积极响应中央关于黄河文化保护、传承，讲好黄河文化故事号召的重要举措，是讲好内蒙古黄河文化故事，展示内蒙古地区灿烂辉煌的黄河历史文化的重要平台。

## 五、《内蒙古黄河历史文化》出版工作

在对内蒙古黄河流域诸历史时期遗址、文物等普查与征集的同时，本书的文字写作工作也在有条不紊地开展着。本书的文字部分由崔思朋博士与李锐馆长共同完成，在项目正式启动后，相关文字工作就已开始，根据初步拟定的框架、几次会议研讨时专家学者提出的修改与完善意见、搜集与整理的图像资料，最终确定以时间顺序分三卷本的形式进行叙述。上卷为史前部分，包括"序言""绪论"以及旧石器时代、新石器时代、青铜器时代与在此时期的农牧业更迭等四章主体内容；中卷为秦汉至元代以前部分，包括"秦汉时期"、"魏晋南北朝时期"、"隋唐时期"与"辽与西夏金"等四章主体内容；下卷为蒙元及明清部分，包括"蒙元时期"、"明朝"与"清朝"三章主体内容；此外还包括"结语""参考文献"等内容。书稿内容有部分为崔思朋博士与李锐馆长此前正式发表的学术文章，但大部分内容是结合本项目重新

写作的。

本书的初稿完成于2020年10月初，此后几经修订，并由清华大学人文学院历史系在读硕士成鹏对全书引文、参考文献与表述进行了校对与补充完善。书稿完成后，鄂尔多斯博物馆高兴超、赵国兴、白林云等几位同志参与了配图工作，并由李锐馆长带队，分别于2020年11月11日—15日与12月15日—18日，先后两次来北京与崔思朋博士及出版社对接配图与出版工作。"内蒙古黄河历史文化"项目的文稿与配图工作业已基本完成，在此期间，对接出版社的招标、竞标及出版等工作也在进行着。鄂尔多斯博物馆经过全面考察与横向对比，最终选定由国家图书馆出版社出版，鄂尔多斯博物馆办公室主任马俊、财务部主任郝雪琴等馆内工作人员为本项目的招标、竞标等做了大量工作，为保证本书能够如期出版做出了突出贡献。2020年12月至2021年1月间，针对出版社前期排版与图片印刷效果，崔思朋、李锐、高兴超、赵国兴、白林云及成鹏等编纂组成员又就书稿的文稿与选录图片再一次进行修订与排查，并最终于1月下旬将定稿移交至出版社进行后续编辑与出版工作，确定分三册出版。

三卷本的《内蒙古黄河历史文化》是自远古以至清代内蒙古黄河流域人类文明发展变迁的通史性著作。

本书以图像的形式分时段展示内蒙古黄河流域的人类文明发展历史，同时也运用相关史料以文字的形式补充说明了这一发展变迁历史，希望能够做到以图文并茂的形式展示内蒙古黄河的历史文化。鄂尔多斯博物馆多年以来收藏历史文物较为丰富的优势，以及本馆同内蒙古黄河流域各盟市博物馆及相关文物保护与收藏单位的长期友好战略合作关系，为本书搜集整理图像资料提供了必要支持，同时也奠定了本项目正常开展与顺利完成的基础。此外，项目团队中研究人员此前多年有关内蒙古区域历史、黄河文化以及博物馆等相关方向的学术积累，也为本项目的如期完成提供了保证。因此，自2019年9月确定开展本项目的研究工作以来，经过前期的紧张筹备，这一年多的时间完成了项目论证、实地调查、相关研究及文字创作等多项工作，终于完成此书稿。从正式立项到初稿完成，虽然只用了一年多的时间，但凝结着编纂者们的多年心血，尤其是项目团队在这一年多的时间里根据书稿编写的需要，对内蒙古黄河流域的各博物馆、文管所、科研院所及野外遗址等进行广泛深入的实地调查研究，这些都是保障本项目能够如期完成的关键所在。

综合上述而言，自2019年9月18日习近平总书记在黄河流域生态保护和高质量发展座谈会上的讲话以来，鄂尔多斯博物馆积极筹备并组织开展各项活动，于2020年9月18日习近平总书记在黄河流域生态保护和高质量发展座谈会上的讲话一周年之际，主要由鄂尔多斯博物馆组织实施的"黄河从草原上流过——内蒙古黄河流域古代文明展"正式开展。此外，三卷本的《内蒙古黄河历史文化》的编著与出版工作也在有条不紊地进行着，于2021年中国共产党建党百年之际正式出版，向党致敬，向党献礼。

对本书编著、修订完善、配图及出版等各项工作的参与者表示衷心的感谢！向大力支持和关注鄂尔多斯博物馆黄河文化展览的社会各界表示诚挚的谢意！还要向一直以来关心和支持鄂尔多斯博物馆、内蒙古文博事业的学界专家、社会大众表示感谢！特别要向为黄河文化实地调研、调查和黄河文化展览筹备工作提供了诸多便利的兄弟单位表示感谢！特别感谢以内蒙古博物院付宁，内蒙古自治区文物考古研究所曹建恩、张文平、岳够明，乌海博物馆武俊生，阿拉善博物馆张震州，内蒙古河套文化博物院丁志忠、赵占魁，包头博物馆张海滨，呼和浩特博物馆张静，托克托县博物馆石磊，鄂尔多斯青铜器博物馆窦志斌，鄂尔多斯市文物考古研究院尹春雷，准格尔旗博物馆刘卫军、史明亮，鄂托克前旗文物保护管理所张旭梅、李余飞为代表的沿黄盟市博物馆领导专家，正是有这些兄弟单位的支持与帮助，我们的研究成果才能够如期高质量完成，感谢他们的帮助与付出！同时，在项目的实施过程中，以鄂尔多斯应用技术学院刘海英为代表的鄂尔多斯市产业创新创业人才团队对项目给予了很大的关注与支持，在此也对他们致以谢忱！但需要指出的是，鉴于学识有限，纰漏与错误在所难免，欢迎大家批评指正！

内蒙古黄河历史文化项目组

写于2021年1月

## 注释

［1］ 习近平：《在黄河流域生态保护和高质量发展座谈会上的讲话》，《中国水利》2019年第20期，第1~3页。